Acknowledgements

The authors would like to thank all the people who agreed to be interviewed for the recordings for this course, and also a special thank-you to Tessa and Isobel.

The publishers would like to thank the following for permission to reproduce material in this volume:

Cambio 16 for the three photos and article from *Cambio 16*; Centro de Estudios for the photos from the advertisement; *El Europeo* for the photos and articles; Revista *Gente Ce*, SM&B – Hispano Francesa de Ediciones S.A., Madrid for the text extract and photo, letters and photo and cover photo; *Rutas del Mundo* for the article and photos from *Chichén-Itzá*; Stern-Syndication for the cover photo from *Stern*, issue number 42, 1989.

The publishers would also like to acknowledge the following for use of their material:

Agencia Literaria Carmen Balcells for the extract from *Seix Barral*; APLI for the stickers; *Biba* for the text and photo; Caja de Ahorros de Zaragoza for the illustrations from the booklet *Cartilla de la circulacion* and the extract from *Aqui Zaragoza Tomo 6*; Cipaj for the text and artwork extract from *En bici desde Zaragoza*; Citer/Atesa for the brochure rate tables; Collection du Petit Faucheux for the postcards; Collectorcard for the postcard; Diputacion general de Aragón for the illustrations from *Que exiger al consumidor?*; *Dunia* for the text, extracts, photos, cartoons and illustrations; Editorial Aguilar for the poem from *Libros de Poesia*; Eds Renacimiento for the postcard; El Corte Inglés for the store directory; España: Secretaria general de turismo for the text extracts and photos from *De compras*; Estar Viva for the text extracts, photos and illustrations; Fiat for the advertisement; Fotogrammas for the film reviews, text and photos; *Heraldo de Aragón & Radio Heraldo* for the advertisement and text extracts; *Hola!* for the photos; Iberia for the front of the air ticket; Lipton for the advertisement; Loteria Nacional for the lottery ticket; Maralda for the cartoon; Marsans Travel for the postcard; *Mía* for the cartoon, text and photo from *Frida Kahlo*; Ministerio de Asuntos Sociales for the text and illustration from *Escucha mis derechos*; Mundiplan for the advertisement; *Muy Personal* for the text and illustration from *Consejos para las vacaciones*; *Natura* for the text and photo; *Nuestra Salad* for the cover photo; *El País* for the job advertisements, text, illustrations, photos and letters from *El País Semanal*, the cartoons and extracts from *Pequeño País*, and adapted text from the article from *El País Dominical*; *El Periódico de Aragón* for their headline; Promociones Candanchu for the apartment plan; Seguros Catala Occidente for the advertisement; *Semana* for the cartoons; *Ser Padres* for the text and photos; *Super Pop* for the cover photo and *El test de Super Pop*; *Tele-Indiscreta* for the text extracts and photos; *Telva* for the text, photos and letter; *Tiempo* for the interview text and photos; Touring Club Italiano for the article and map from *Rutas del Mundo*; *TV Plus* for the text, photos, programme details and letter; Zerkowitz for the postcard.

Every effort has been made to trace and acknowledge ownership of copyright. The publishers will be glad to make suitable arrangements with any copyright holders whom it has not been possible to contact.

Photo acknowledgements

All-Sport UK Ltd: page 33 (centre); British Telecom Visual and Broadcast Services: page 185; J. Allan Cash Ltd: pages 11 (below), 34 (below), 40, 43 A & F, 70 (Barcelona), 98 (Guatemala), 170 (right), 176, 201, 203; Cephas Picture Library: pages 40, 73, 203; Robert Harding Picture Library: page 43 D; The Hulton Picture Company: pages 33 (left and right), 34 (top), 90 (right), 154; Panos Pictures: page 188, Rex Features Ltd: pages 83, 153, 217; Spanish National Railways: pages 43 E, 44 G; Spanish Tourist Office, London: pages 43 B & C, 90 (left); Televisión Española, S.A.: page 101; UK Time Limited: page 127 (top); Zefa Picture Library: page 31

The publishers would also like to thank the following for their illustrations; Hardlines; Sarah Hedley; Joseph McEwan; Kate Simunek; Andrew Warrington.

Contenido

Introducción

Pasos is a two-stage course for adult learners of Spanish who are either starting from scratch or who have a basic knowledge of the language.

The *Pasos* approach is a practical one; a wide variety of authentic materials and graded tasks help present and practise the language required for effective communication. Clear examples and explanations make the grammar easy to absorb, and emphasis is placed on the acquisition of a wide range of essential vocabulary. This approach builds confidence and competence in using the language and consequently helps to make language learning enjoyable.

Pasos 2 assumes that you, the learner, have a working knowledge of Spanish, equivalent to that presented and practised in *Pasos 1*, and that you are able to understand and use a range of vocabulary and structure which allows you to communicate effectively in everyday situations. *Pasos 2* recycles much of the language presented in *Pasos 1*. The course encourages active and realistic use of the language over a wide range of topics and situations throughout its 14 units. Each unit provides approximately six hours of material and is subdivided into stand-alone sections which provide an integrated task-based approach to language learning. The carefully chosen authentic reading and listening texts provide an insight into the history, customs and everyday life of modern Spain and Latin America, and act as a springboard for speaking and writing practice. The tasks draw on your opinion, experience and knowledge of the world and are set against a background of more controlled presentation and practice of essential grammatical items.

Lessons 7 and 14 are consolidation lessons which introduce new topics while revising and developing language previously covered.

Vocabulary is listed in Spanish–English format at the end of each unit, and a short English–Spanish dictionary of key vocabulary occurring in the units is provided at the end of the book. The brief grammar review at the end of each unit is complemented by a detailed grammar reference section at the end of the book, giving examples and page references. In addition, the Support Book provides the key to all exercises, as well as tapescripts which include further key vocabulary definitions. This combination of course book, cassettes and Support Book makes *Pasos* equally effective for the learner studying alone as well as in the classroom.

We hope *Pasos 2* provides you with the support you need to enjoy and develop your understanding of Spanish, and to use the language confidently in a variety of situations. Enjoy the course!

Symbols used in *Pasos*

= listening exercise

= text to be read
or
points to learn

= written exercise

= oral practice

= pair or group work

¿ R e c u e r d a s ?

Información personal	Presentaciones
Gustos y aficiones	Nuestro carácter: cualidades y
Hablando del pasado	defectos

A La vida personal

Tres personas hablan de su vida personal.
Antes de escuchar, prepara unas preguntas.
¿Qué quieres saber?

nombre: ¿Cómo te llamas?
familia:
origen/nacionalidad:
vive en:
tipo de vivienda:
trabajo:
intereses/gustos:

Compara tus preguntas con las de un compañero.

Escucha a Francisco, Rosa y Javier.
Compara tus preguntas con las del cassette.
¿Qué información dan?
Apunta. *(Make notes.)*
Compara con un compañero.

Presentaciones

Informal: **A:** Este es Juan.
Esta es Juana.
B: ¡Hola!
C: ¿Qué tal?

Formal: **A:** Señora Martínez, le presento al Señor García.
B: Mucho gusto.
C: Encantada.

Usa las preguntas de Actividad 1 y pregunta a un compañero.
Apunta la información.
Escribe un párrafo sobre tu compañero.

NOMBRE: _____   VIVIENDA:

FAMILIA:
   ciudad: _____

   estado civil: _____
   casa/piso: _____

   hermanos: _____   TRABAJO:

   hijos: _____   nombre: _____

   otra información: _____   funciones: _____

ORIGEN/
NACIONALIDAD: _____

Ahora trabaja con otra pareja en grupos de cuatro:

- A presenta B a C.
- C presenta D a A.
  ¿ Formal o informal?

A: Explica tres cosas de B a C de tu lista de información.
C: Explica tres cosas de D a A de tu lista de información.

Continuad la conversación.

B ¿Qué te gusta?

(A mí) me gusta la fruta.
(A él) le encanta la música.
(A nosotros) nos agrada la montaña.
(A ella) le divierten las fiestas.

Ejemplo:
1 yo/gustar/patatas fritas
  A mí me gustan las patatas fritas.

Continúa:
2 Juan/encantar/cine
3 Los hermanos/divertir/discotecas
4 Yo/gustar/televisión
5 Sr García/encantar/vacaciones
6 Yolanda/gustar/caramelos
7 Los señores Yuste/agradar/coche
8 Vosotros/encantar/caballos

¡Atención!

Verbos:

encantar = *to charm, delight*
me encanta = *I love it*
agradar = *to please*
me agrada = *I like it*
divertir = *to entertain*
me divierte = *I enjoy it*

ACTIVIDAD 7

Escucha a Juan hablando de lo que le gusta hacer a él, a su hermano Luis, a su hermana Ana, a su madre y a su padre.

Completa la información:

1 . . . . dar un paseo antes de comer.
2 ¿Y qué te gusta . . . . ?
3 . . . . me gusta el cine.
4 A mi hermano no . . . .
5 A mis padres . . . . salir.
6 A mi padre . . . . los deportes.
7 . . . . le encantan las montañas.
8 A mi madre . . . . la playa.
9 A mis hermanos . . . . las vacaciones en familia.
10 A mi hermana no . . . . ni las montañas ni la playa.

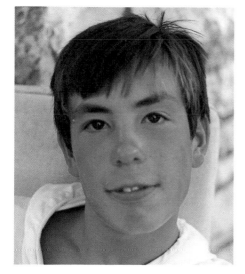

> **¡Atención!**
>
> divertir = *to entertain*
> divertirse = *to enjoy oneself*
> (me divierto = *I enjoy myself*)

ACTIVIDAD 8

Explica la misma información sobre ti y tu familia y pregunta a tu compañero.
Menciona algo que no te gusta nada.
algo que te gusta mucho.
algo que te da igual.

Escribe.

> **¡Atención!**
>
> no me gusta nada = *I don't like it at all*
> me gusta mucho = *I like it a lot*
> (a mí) me da igual = *it's all the same to me/I don't mind*

ACTIVIDAD 9

¿Te gusta la radio?
¿Qué tipo de programas te gustan?

Lee el "cuestionario" de Radio Heraldo.
¿Qué tipo de programas ofrece Radio Heraldo?

¿Tienes el "RH" positivo?

¡Por favor, contesta a estas preguntas!

sí NO

1. ¿Te encanta la música, moderna, clásica, pop, jazz? . . . .
2. ¿Tienes menos de 80 años? . . . .
3. ¿Crees en la cuarta dimensión? . . . .
4. ¿Practicas algún deporte? . . . .
5. ¿Sigues las listas de éxitos? . . . .
6. ¿Escuchas retransmisiones deportivas en directo? . . . .
7. ¿Te gusta la casa? . . . .
8. ¿Estudias o eres universitario? . . . .
9. ¿Te agrada recibir premios o regalos? . . . .
10. ¿Tienes tus lugares favoritos? . . . .
11. ¿Te divierten los concursos radiofónicos? . . . .
12. ¿Quieres estar en onda? . . . .
13. ¿Ves necesario estar bien informado? . . . .
14. ¿Te encanta la participación? . . . .
15. ¿Te va la marcha? . . . .
16. ¿Eres alegre y simpático? . . . .
17. ¿Amas la Naturaleza? . . . .
18. ¿Te gustan los deportes? . . . .
19. ¿Eres un consumidor en potencia? . . . .
20. ¿Te crees sagaz, perspicaz o inteligente? . . . .

Antes de rellenar la ficha, busca las definiciones
adecuadas.

1 la cuarta dimensión   a *to be on the right wavelength*
2 listas de éxitos   b *shrewd*
3 estar en onda   c *you like to have a good time*
4 te va la marcha   d *hit parade*
5 sagaz   e *the fourth dimension*

Ahora rellena la ficha.
¿Qué piensas de Radio Heraldo después de leer la información?
¿Crees que te gustará? ¿Por qué?
¿Tienes el "RH Positivo"?

ACTIVIDAD 10

Cambia tu ficha con un compañero.
Compara la información y pregunta más cosas.

Usa la información de la ficha de tu compañero y escribe un párrafo.

Ejemplo:
A Ana le gusta mucho la música moderna . . .

C Hablando del pasado: ¿Qué hiciste?

ACTIVIDAD 11

El pretérito indefinido
¿Recuerdas?

¿Qué hic**iste** ayer?   Visit**é** a mis padres.   (visit**ar**)
                    Com**í** en un restaurante.   (com**er**)
                    Sal**í** con mis amigos.   (sal**ir**)

ACTIVIDAD 12

Lee el texto sobre Amanda Gutiérrez.
Contesta las preguntas.

AMANDA GUTIÉRREZ

«A los quince o dieciséis años empecé a trabajar en los anuncios de televisión como modelo por una casualidad. Yo acompañé a una amiga que trabajaba en comerciales y me dijeron que hiciera una prueba. Así comenzó mi carrera. En el teatro sucedió igual. Un día fui con mi amiga y a los quince días debuté. Creo que aquella amiga me debe odiar hoy en día, ¡ja, ja!»

«Cuando hacía publicidad me vine a vivir un año a España, en concreto a Madrid, para estudiar. Pero la realidad fue que tuve un año sabático, de continua juerga, pues aquí es muy difícil no caer en la tentación de salir a divertirte. A mi regreso a Venezuela estuve un año haciendo teatro y me llamaron de televisión. Primero estuve unos ocho

meses en un canal privado, más tarde en la televisión estatal – durante diez años – haciendo personajes históricos, y ahora llevo cuatro años en Venevisión haciendo telenovelas. A mi papá nunca le gustó mucho que yo fuera actriz, pero el pobre no pudo ver mi éxito, pues al poco tiempo de dedicarme al mundo del espectáculo enfermó y murió. Mamá tampoco se lo tomaba al principio muy en serio, hasta que vio que triunfaba y que la gente me respetaba como actriz. Hoy en día se siente muy orgullosa de su hija.»

1 ¿En qué trabaja?
2 ¿Cómo empezó su carrera?
3 ¿Por qué fue a vivir a España y cuánto tiempo estuvo allí?
4 ¿Qué hizo en Madrid?
5 ¿Qué hizo al volver a Venezuela?
6 ¿Qué hace actualmente y desde cuándo?
7 ¿Qué opinión tienen sus padres de su profesión?

ACTIVIDAD 13

Estudia el texto y busca los verbos en pretérito indefinido. ¿Cuáles son los regulares y cuáles son los irregulares? Escribe frases sobre la vida de Amanda con los verbos en tercera persona.

Ejemplo:
Amanda empezó a trabajar en televisión por casualidad.

ACTIVIDAD 14

Estudiante A: Habla de tu vida.
Estudiante B: Toma notas.

Cambia.

Busca a otra persona de la clase y cuéntale la vida de tu compañero (en tercera persona).

Ejemplo: Luis nació en . . .

D ¿Cómo eres?

ACTIVIDAD 15

Escucha a estas tres personas y completa la información para cada una.

	Mari Mar	María Jesús	Javier
¿Cómo es tu carácter?			
¿Cómo te gustaría ser?			
¿Cuál es tu mejor cualidad?			
¿Cuál es tu mayor defecto?			
¿Qué cualidad prefieres en una persona?			
¿Qué defecto es el que más odias?			

ACTIVIDAD 16

Escucha otra vez.
Escribe un párrafo sobre cada uno.

Ejemplo:
Mari Mar es abierta, impulsiva; no es romántica. Le gusta ser como es . . .

ACTIVIDAD 17

Haz la encuesta a tus compañeros.
¿Coincidís en algo?

ACTIVIDAD 18

Amanda Gutiérrez habla de su personalidad.
¿Es como tú?
¿Es como tus compañeros?
¿Cuáles son las diferencias?

Lee el texto.

> ¡Atención!
>
> lealtad (f) = loyalty
> soportar = to bear, put up with
> traición (f) = betrayal
> tener mal genio = to be bad-tempered

«Yo creo que mi mayor virtud es la lealtad. Soy muy leal con la gente que quiero y los defiendo. Por eso no soporto una traición y soy capaz de romper una amistad por esa razón. No se puede traicionar a alguien a quien quieres. Yo esto lo tengo muy arraigado, como todos mis hermanos. Si me tuviera que definir diría que soy una persona muy variable. Soy simpática, soy callada, soy alegre, soy triste . . . Y tengo que reconocer que mi genio es muy malo.»

A C T I V I D A D
19

El Test de Super-Pop: ¿modestia o vanidad?

Modestia o vanidad, ¿qué es lo tuyo?

No te estamos diciendo que una cosa sea mejor que la otra. Ya sabes, por ejemplo, que si la modestia es falsa, mejor alejarse y que nunca está de más unos gramitos de vanidad para sentirse bien con uno/a mismo/a. Sea como sea, te proponemos este test para que descubras qué es lo que predomina en tu caso. Para que tu pareja, o un colega, puedan contestar también dispones de las dos columnas de la derecha. Modestia o vanidad, ¿qué es lo tuyo?

¡Atención!

gusto = *taste*
traje de etiqueta = *formal suit*
púrpura = *purple*
dorado = *gold, golden (colour)*

	TÚ	ELLA	ÉL
1. Lo primero que te llama la atención de una persona es...			
a) Su clase.			
b) Su inteligencia.			
c) Su gusto exquisito por las cosas.			
2. ¿Y lo segundo?			
a) Su riqueza.			
b) Su simpatía.			
c) Su felicidad.			
3. Cuando vas a una fiesta te gusta que de ti piensen...			
a) Que soy discreta.			
b) Que soy fascinante.			
c) Que soy la más bonita.			
4. Para sentirse bien vestido/a necesitas...			
a) Ir cómoda.			
b) Ir limpísima.			
c) Ir guardando las apariencias.			
5. El traje de etiqueta es para ti una forma de vestir...			
a) De mucho gusto.			
b) Señal de clase.			
c) Burguesa.			
6. ¿Qué colores te parecen más nobles?			
a) El púrpura y el violeta.			
b) El rojo y el dorado.			
c) El negro y el blanco.			
7. Una persona está imprensentable cuando:			
a) No tiene las orejas limpias.			
b) Sus dientes no están bien lavados.			
c) Su pelo está demasiado revuelto.			
8. ¿Cuál de estas virtudes le puede faltar a tu persona ideal?			
a) Solidaridad.			
b) Modestia.			
c) Sentido del equilibrio.			

Busca la puntuación en la página 218.

E En casa o en clase

ACTIVIDAD
20

Carlos Fuentes es un escritor mejicano muy famoso.
Lee sus datos personales.

VIDA Y ANDANZAS

■ Nació en México en 1928. Como su padre era diplomático ha vivido en Montevideo, Río de Janeiro, Washington (donde se hizo bilingüe), Chile y Buenos Aires: «Era una vida como de gitanos con frac», dice.

■ Estudió Derecho en Ginebra. Habla cinco idiomas: francés, inglés, portugués, italiano y español.

■ Está casado con Silvia Lemus, periodista de la televisión mexicana y tiene tres hijos.

■ En 1987 le concedieron el Premio Cervantes. Su prosa es elaborada, rica en matices y pródiga en técnicas experimentalistas.

■ Escribió su última novela el invierno pasado, en una casa de pescadores de Cornualles. Reside en México, aunque lleva dos años viviendo en Londres trabajando en *El espejo enterrado*, una serie de la BBC sobre España y Latinoamérica.

■ ¿Mi ritmo de vida? Soy un escritor metódico y diurno. Trabajo mañana y tarde. La noche la reservo para mi familia y mis amigos.»

■ Le encanta la ópera: «Canto de memoria *La Traviatta, Don Giovanni,* y *El barbero de Sevilla*».

■ «Mi libro de cabecera es *El Quijote*. También releo a Quevedo, Góngora, Lorca, Cernuda, Guillén, Neruda . . . Ellos mantienen vivo mi lenguaje».

■ Aprovecha los viajes transoceánicos para sumergirse en la novela, historia y filosofía: «El avión es la mejor sala de lectura».

■ «Soy de Veracruz, esa parte de México que se ríe de los aztecas del altiplano y que siempre se toma las cosas por el lado jocoso. Mi obra es sombría, pero yo adoro el humor».

■ «En Europa la mejor narrativa la han hecho austriacos, checos y alemanes. En la América española, la más rica es la narrativa argentina».

¡Atención!

Cornualles = *Cornwall*
lleva dos años viviendo en Londres = *he has been living in London for two years*
diurno = *daytime*

¿Más gramática?

Busca las frases que tienen pretérito indefinido. (pag. 20)
Busca las frases que tienen **ser** o **estar** y di por qué se usan en esos casos. (pag. 250)
Escribe ejemplos de comparativos/ superlativos.

Escribe una pregunta para cada párrafo.
Utiliza: ¿Qué . . . ? ¿Por qué . . . ? ¿Cuándo . . . ?
¿Dónde . . . ? ¿Cómo . . . ? ¿Cuál(es) . . . ? etc.

Pregunta a tu compañero.

Escribe un «vida y andanzas»
sobre una persona de tu país
o
sobre un amigo o una persona de tu familia.

Vocabulario para la próxima lección

Si sabes adónde vas, elige la distancia más corta.

MECANICA
•MECANICA DEL AUTOMOVIL
•MECANICO DE MOTOS*

INSTALADORES
•FONTANERIA Y SANEAMIENTO
•INSTALADOR ELECTRICISTA
•ENERGIA SOLAR*

VENTAS Y COMERCIO
•MARKETING
•TECNICA DE VENTAS
•VENTA AL DETALL

ADMINISTRACION
•CONTABILIDAD*
•ANALISIS DE BALANCES*
•BANCA
•ORG. ADMINISTRATIVA

HOSTELERIA
•COCINA*
•MAITRE D'HOTEL

SECRETARIADO
•SECRETARIADO*
•MECANOGRAFIA
•TAQUIGRAFIA
•OFICINA Y DESPACHO

INFORMATICA*
•ORDENADOR PERSONAL
 Y PROGRAM. BASIC
•ORGANIGRAMAS
•INIC. INFORMATICA

Trabajo
¿Qué curso haces si quieres . . .
1 arreglar coches?
2 aprender a utilizar una computadora?
3 administrar una empresa?
4 trabajar en una oficina con una máquina de escribir?
5 hacerte fontanero?
6 vender mercancías?

Gramática

PRONOMBRES DEMOSTRATIVOS
éste es Juan
ésta es María

VERBOS
gustar: agradar, divertir, encantar

(Enfasis)	Singular		Plural	
(A mí)	me	gust**a** la frut**a**	me	gust**an** los animal**es**
(A ti)	te	gusta el teatro	te	gustan los libros
(A él/ella) (A Juan)	le	encanta la música	le	encantan las fresas
(A nosotros/as)	nos	agrada la montaña	nos	agradan los regalos
(A vosotros/as)	os	divierte el deporte	os	divierten las fiestas
(A ellos/as) (A mis padres)	les	encanta el cine	les	interesan las películas

PRETERITO INDEFINIDO de verbos regulares e irregulares

Regular:

hablar:	habl	-é	-aste	-ó	-amos	-asteis	-aron
comer:	com	-í	-iste	-ió	-imos	-isteis	-ieron
salir:	sal	-í	-iste	-ió	-imos	-isteis	-ieron

Irregular:

estar:	estuv-	⎫	e	*Note: Only the stems and first and third persons singular*
poder:	pud-		iste	*are different from regular verbs.*
poner:	pus-		o	
querer:	quis-	⎬	imos	
saber:	sup-		isteis	
tener:	tuv-	⎭	ieron	

conducir:	conduj-	⎫	*These verbs follow the same pattern as the irregulars*
decir:	dij-	⎬	*above, except in the third person plural:* dijeron,
traer:	traj-	⎭	condujeron, trajeron.

hacer:	hic-	*Follows the same pattern as the irregular verbs at top, but note the spelling of the third person singular:* hi**zo**.

haber:	hubo	*Only used in third person singular.*

ir/ser:	fui	fuiste	fue	fuimos	fuisteis	fueron
dar:	di	diste	dio	dimos	disteis	dieron
ver:	vi	viste	vio	vimos	visteis	vieron

CARACTER

¿Cómo eres?   Soy leal.
              alegre.
              triste.

Vocabulario

Verbos

aprovechar	to take advantage
presentar	to introduce (a person to another)
traer	to bring

Adjetivos

abierto/a	open
orgulloso/a	proud
revuelto/a	untidy, in disorder

Nombres

afición (f)	hobby
amistad (f)	friendship
canal (m)	(television) channel
carrera	career
casualidad (f)	coincidence
concurso	competition, quiz
cualidad (f)	quality
datos (m pl)	facts and figures, details
énfasis (m)	emphasis
éxito	success, hit record
falsedad (f)	falseness, hypocrisy
juerga	a good time

lugar (m)	place
mentira	a lie
onda	wavelength
pareja	a couple
paseo	a walk
premio	prize
prueba	test
puntuación (f)	scoring
rcgalo	gift
tozudez (f)	stubbornness
universitario/a	university student

Expresiones útiles

¡Encantado/a!	Pleased to meet you (Enchanted)
Mucho gusto	Pleased to meet you (Great pleasure)
dar un paseo	to go for a walk
estar de juerga	to be out "on the town"
llamar la atención	to attract one's attention
tener mal genio	to be bad-tempered
tomar en serio	to take seriously

dos

¿En qué consiste su trabajo?

Profesiones: deberes y	Cómo pedir trabajo
obligaciones	El curriculum vitae
Anuncios de trabajo	La entrevista
La vida diaria	Cualidades

A ¿Qué haces en tu trabajo?

a Tres personas describen su trabajo.
¿Qué trabajos son?

b Escucha.
Completa la información.

	1	2	3
¿Qué hace en su trabajo?			
Le gusta . . .		*du*	
No le gusta . . .			
tiempo en este trabajo			

c Escucha lo que dicen otra vez y lo que añaden después.
¿Por qué eligieron estos trabajos?

A C T I V I D A D 2

Vocabulario
● Estudia la lista de profesiones.
● Estudia la lista "Lugar donde trabajan" y decide dónde hace el trabajo cada uno.
● Estudia la lista "Lo que hacen" y decide lo que hacen en cada trabajo.

Ejemplo: **a** el profesor/la profesora
          4 un colegio
          N enseñar a los alumnos
          = a–4–N

Profesión	Lugar donde trabajan	Lo que hacen
a profesor/a	**1** un consultorio	**A** arreglar las tuberías del agua
b médico/a	**2** una tienda, unos grandes almacenes	**B** repartir cartas y paquetes
c granjero/a	**3** un despacho	**C** visitar a los clientes/ mostrar mercancías
d mecánico/a	**4** un colegio, un instituto	**D** instalar luces y enchufes
e fontanero/a	**5** un garaje	**E** vigilar el tráfico
f cartero/a	**6** una granja	**F** cortar el pelo
g peluquero/a	**7** una peluquería	**G** hacer reportajes
h policía municipal	**8** la calle	**H** dirigir a los empleados de la empresa
i vendedor(a)	**9** casas	**I** fabricar muebles
j dependiente/a	**10** una oficina	**J** curar a los enfermos
k periodista	**11** un taller	**K** cuidar los animales
l carpintero/a		**L** arreglar los coches
m jefe/a de empresa		**M** atender a los clientes
n electricista		**N** enseñar a los alumnos

¡Atención!

Verbos útiles:

arreglar = *to repair, fix*

repartir = *to deliver, distribute*

instalar = *to install, fit*

vigilar = *to watch over, keep an eye on*

dirigir = *to direct*

fabricar = *to make, build*

cuidar = *to look after*

atender = *to attend to, deal with*

Escribe frases.

Ejemplo:
Trabajo como profesor. Trabajo en un colegio y mi trabajo consiste en enseñar a los alumnos.

ACTIVIDAD 3

Verbos de obligación: **tener que ...**
deber ...

Ejemplos:
Un dependiente tiene que atender a los clientes con amabilidad.
Un mecánico debe reparar los coches con cuidado.

Inventa más frases similares.

Elige dos de los trabajos.
Escribe un párrafo sobre cada uno sin decir como se llama el trabajo.

Ejemplo:

Esta persona trabaja en un taller mecánico. Su trabajo consiste en arreglar coches estropeados y hacer revisiones. Su trabajo tiene mucha responsabilidad y debe trabajar con mucho cuidado
¿Qué profesión tiene?

En grupos de tres o cuatro adivina los trabajos.

Ahora describe lo que tienes que hacer en tu trabajo.
Tus compañeros tienen que adivinar en qué trabajas.
Si no trabajas, habla de un trabajo anterior o inventa uno.

Anuncios de puestos de trabajo

Lee los anuncios.

IMPORTANTE
GRUPO EDITORIAL

solicita

**JEFE
DE SERVICIOS
GENERALES**

Su labor consiste en:
● Mantenimiento de edificio e ins-talaciones.
● Supervisisón y control de los servicios de seguridad, comuni-caciones y limpieza.

Se requiere persona con:
● Titulación media o superior.
● Dote de mando.
● Sentido del orden.
● Residencia en Madrid.

Se ofrece:
● Incorporación inmediata.
● Sueldo a convenir.
● Otras ventajas sociales.

Interesados, enviar *curriculum* y preten-siones a: Apartado de Correos número 457 FD. 28080 Madrid. Referencia *M. C.*

SERVICIO TÉCNICO
FOTO - AUDIO - VÍDEO

necesita

TÉCNICO

Se requiere:
• Conocimientos de electrónica (ni-vel FP-2 o equivalente).

Se valorará:
• Conocimientos de mecánica y fo-tografía.

Se ofrece:
• Incorporación inmediata.
• Jornada laboral de lunes a viernes.
• Promoción profesional.
• Retribución a convenir, según ex-periencia y valía.

Los interesados deberán enviar *curriculum vitae* con fotografía re-ciente al apartado de Correos nú-mero 37.072 de Madrid, indicando *referencia Técnico*.

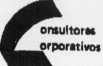
1 ¿En qué trabajo(s) tienes que . . .
 a ser un experto en electrónica?
 b viajar?
 c vivir en la capital?
 d tener menos de treinta y cinco años?
 e hablar dos idiomas?
 f utilizar tu coche?
 g cuidar las oficinas?
 h ser responsable de los otros empleados?

2 ¿En qué trabajo(s) . . .
 a puedes empezar inmediatamente?
 b haces un curso de formación?
 c te dicen el sueldo?
 d tienes posibilidad de promoción?
 e tienes posibilidad de comisión?

3 ¿Para qué trabajo(s) no tienes que . . .
 a mandar un curriculum vitae?
 b mandar fotos?

Lee la carta en que Pedro pide uno de los trabajos de Actividad 5.

Completa:

Sus estudios: ....
Su experiencia: ....
Sus razones para volver a Madrid: ....
....

¡Atención!

Muy Señor(es) mío(s) = *(customary opening of a formal letter)*

Con relación a . . . paso a informarles de . . . = *With regard to . . . I would like to inform you of . . .*

formación profesional = *vocational technical training*

Trabajé **como** técnico . . . **durante** un año = *I worked as a technician . . . for a year*

Actualmente trabajo = *At present . . .*

Adjunto mi curriculum vitae = *I enclose . . .*

En espera de sus noticias = *"Waiting for your news", i.e. Looking forward to hearing from you*

Le(s) saluda atentamente = *(customary way to close a formal letter)*

Pedro Navarro Sánchez
Avda. Tenor Fleta, 53–12
50007 ZARAGOZA

APDO. 37.072 de Madrid

Zaragoza, 22 de enero de 1992

Muy Señores míos:

Con relación a su anuncio de técnico publicado en el periódico "El País", el día 20 de enero, paso a informarles de mis estudios y mi experiencia profesional.

Terminé mis estudios de formación profesional con la especialidad de técnico electrónico en 1990. Trabajé como técnico en el laboratorio fotográfico Fotoplus del Paseo de la Constitución en Madrid durante un año. Actualmente trabajo en un taller de reparaciones de vídeos en Zaragoza y deseo volver a la capital por circunstancias familiares.

Considero que reúno los requisitos por Vds solicitados para poder optar a este puesto.

Adjunto mi curriculum vitae.

En espera de sus noticias les saluda atentamente:

Pedro Navarro Sánchez

ACTIVIDAD 7

Lee las Claves para un "curriculum vitae" y mira si la carta de Pedro Navarro Sánchez tiene todos los datos necesarios.

Claves para
un "curriculum vitae"

Nombre y apellidos.
Edad.
Lugar de
nacimiento y
nacionalidad.
Estado civil.
Familiares a
su cargo.
Situación
respecto a
coche y
vivienda.
Estudios y
experiencia
profesional.
Tiempo de
permanencia
en
anteriores
trabajos.
Nivel
de remuneración
a que aspira.
Plazo posible de
incorporación.

Prepara tu curriculum vitae.

ACTIVIDAD 8

Elige otro de los trabajos anunciados en Actividad 5 (o inventa un trabajo más adecuado para ti).
Escribe la carta pidiendo el trabajo.
Utiliza la carta de Actividad 6 y las claves de Actividad 7 como modelo.

ACTIVIDAD 9

Pronombres personales

Ana **me** llamó por teléfono.
Te vi por la calle.
Lo invité al cine.

Mira la página 235 de la gramática.

Lee la historia de Luis y Lolita y sustituye las palabras **destacadas** con pronombres.

Ejemplo:
. . . llamó a Luis por teléfono.
= . . . lo llamó por teléfono.

Lolita estaba sola y aburrida en casa; era domingo y no sabía qué hacer.

Recordó que era el cumpleaños de Luis y llamó **a Luis** por teléfono.

Invitó **a Luis** al cine. Dijo **a Luis**: "Espero **a ti** en el bar Pepe."

Lolita fue al bar, pero antes, como era el cumpleaños de Luis, fue a comprar **a Luis** un regalo. Compró **a Luis** un libro y guardó **el libro** en el bolso.

Fue a un bar y esperó **a Luis** más de dos horas.

Tomó varias copas que hicieron daño **a Lolita**.

Como Luis no venía. Lolita salió del bar, buscó **a Luis**, miró por todas partes pero no vio **a Luis**.

Al cabo de media hora Luis llegó.

Lolita tenía el libro sobre la mesa, pero no dio **el libro a Luis**; había escrito una carta **a Luis**. Dio **la carta a Luis**.

Salió sin saludar y fue al cine sola.

¿Qué decía la carta?
Escribe tu versión.
Compara con un compañero.

La entrevista
Lee los consejos para una entrevista y decide cuáles son los cinco más importantes.
Compara con un compañero y con la clase.

LA ENTREVISTA

- Llegar puntual.
- Ajustarse a las características solicitadas.
- Presentación impecable.
- No falsear información.
- Seguridad en sí mismo.
- Educación.
- No considerar al entrevistador como un amigo.

- Hacer preguntas abiertas.
- Evitar las críticas a los antiguos jefes.
- No fumar.

Para los 'tests'
- Lleve una buena dosis de paciencia.
- Acuda relajado.
- Sea sincero.
- No coma antes demasiado.

ACTIVIDAD 13

Entrevistas

Trabajad en grupos de cuatro.

Dos estudiantes preparan una lista de sus cualidades y experiencia para Trabajo 1.

Los otros dos preparan preguntas para la entrevista.

Hacen la entrevista. Eligen el mejor candidato.

Cambiad para Trabajo 2.

Trabajo 1: Guía para un grupo de turistas españoles en Inglaterra

Trabajo 2: Director de una compañía de importación que vende productos españoles en Inglaterra

B ¿Cuánto hace que . . . ?

ACTIVIDAD 14

Escucha a María Jesús y completa las siguientes frases.

1 . . . . dos años
2 . . . . un año
3 . . . . cuatro años
4 . . . . cuatro años
5 . . . . cuarenta años

Ahora escribe la pregunta para cada respuesta.

Escucha de nuevo el cassette.

¿Coinciden las preguntas con las tuyas?

¡Atención!

desde que nací = *since I was born*

desde 1984 = *since 1984*

Escucha otra vez.

Escucha la pregunta:
¿Cuánto hace que trabajas . . . ?

Escucha la respuesta:
Hace tres años.

Mira la página 250 de la gramática.

> **¡Atención!**
>
> Vivo aquí hace tres años./
> Hace tres años que vivo aquí.
> *I've lived here for three years.*
> También se puede decir:
> Vivo aquí desde hace tres años.

Por fin llega; hace media hora que espero

Practica con un compañero.
(Usa las preguntas del cassette de Actividad 14.)

Ejemplo:
A: ¿Dónde vives?
B: Vivo en ....
A: ¿Cuánto hace que vives allí?
B: Hace ....

Continúa con estos verbos:
vivir en esta ciudad/pueblo
vivir en su casa
trabajar/no trabajar
estudiar español
estar casado/a
conducir
tener coche
practicar (un deporte) etc.

> **¡Atención!**
>
> Compara:
>
> | | |
> |---|---|
> | Hace tres años que vivo aquí. | Hace tres años que llegué aquí. |
> | | Llegué hace tres años. |
> | | *(I arrived three years ago.)* |
> | Hace cinco años que estoy casado. | Hace cinco años que me casé. |
> | | *The emphasis is on the beginning of the action, not on the duration.* |

ACTIVIDAD 17

Escucha otra vez a María Jesús y completa las siguientes frases.

1 . . . . diez años
2 . . . . cuatro años
3 . . . . cuatro años

ACTIVIDAD 18

Da más ejemplos de tu vida.

ACTIVIDAD 19

Pregunta y contesta.

Ejemplo:
1 el teléfono (inventar) 1876
   A: ¿Cuánto hace que se inventó el teléfono?
   B: Hace . . . . años.

Continúa:
2 la televisión (inventar) 1926
3 América/Colón (llegar) 1492
4 Franco (morir) 1975
5 La Guerra Civil (terminar) 1939
6 Argentina/los mundiales de fútbol (ganar) 1986

C En casa o en clase

Lee el artículo y rellena la ficha.

PROFESIONES MODERNAS

TRADUCTORA E INTERPRETE

Beatriz Julián

Beatriz, 26 años, es una enamorada de su profesión. Hija de padre español y madre francesa, nacida en Francia y, por lo tanto, bilingüe, llegó a España con 17 años y a los 20 ya trabajaba como traductora en la embajada de Bélgica en Madrid. Habla perfectamente tres lenguas (francés, castellano e inglés), tiene nociones de catalán y ruso, y es una gran observadora-estudiosa de lo que pasa en el mundo. Así que no dudó un momento en matricularse en la primera Escuela Universitaria de Traductores e Intérpretes que empezó a funcionar en España con carácter oficial.

Beatriz opina que no se llega a ser buena traductora sólo por dominar una lengua, sino que hay que tener una completa formación cultural sobre los países de los que se estudia la lengua o sobre los temas que se están tratando. «La profesión de intérprete – asegura – dicen que es dura porque exige un alto nivel de estudios. El diploma de intérprete de conferencia internacional – simultánea o consecutiva – lo consiguen muy pocos alumnos. Desde esta perspectiva está considerado como de lujo.»

«El traductor debe tener ante todo vocación (dado lo absorbente que es la materia que tiene entre manos), una excelente cultura general, un conocimiento perfecto de la lengua y la civilización del idioma *al* que traduce (más que *del* que se traduce), capacidad para distanciarse de sus problemas y adaptarse a la personalidad del autor, concentración total y gran sensibilidad. Un buen traductor hace también su recreación literaria a partir del texto del autor y siendo lo más fiel posible a aquél.»

La buena intérprete – hasta hace bien poco esta profesión ha sido considerada esencialmente femenina – necesita gran capacidad de concentración, de memoria y de síntesis, buena vocalización, una voz muy bien cuidada, amplitud de lenguaje y control de sí misma: «Hay que dejar a un lado los propios problemas; si no, los nervios te pueden jugar una mala pasada».

¿Qué es lo más ingrato en esta profesión? «En general, el oficio lo es bastante. Si una traducción está bien hecha, siempre se elogia al autor, nunca al traductor; y si un libro no tiene éxito, no es porque el autor sea malo, sino por culpa del traductor.»

Otro factor en contra es que no está bien pagado. Se tiene un tiempo limitado para traducir y se cobra tarde y mal (depende de la dificultad de la lengua, pero el folio de 30 líneas se paga a 450–500 pesetas).

«El intérprete, en cambio, está mucho mejor pagado. Pero un gran factor en contra es la dificultad para introducirse en este campo profesional. Hay que ser muy brillante y hacerse un nombre.»

Beatriz, finalmente, asegura que para los traductores e intérpretes españoles existe un interesante mercado de trabajo.

Mayte L. Goicoechea

	Traductora	Intérprete
Deberes		
Cualidades		
Calificaciones y títulos		
Sueldo		
Ventajas/Desventajas		

Vocabulario

enamorada de su profesión	= le gusta mucho
por lo tanto	(su madre es francesa y su padre español; **por lo tanto** es bilingüe)
lo que pasa en el mundo	= las cosas que ocurren en el mundo
no dudó un momento	= se matriculó inmediatamente

¿Más gramática?

Escribe las palabras que indican nacionalidad o idioma y pon el nombre del país a que corresponden.

Busca y traduce a tu idioma las siguientes expresiones y frases del texto:

perfectamente	tener nociones de (catalán)
así que	no sólo . . . sino que . . .
tratar un tema	asegurar
de lujo	tener control de sí mismo/a
jugar una mala pasada	por culpa de
hacerse un nombre	

ACTIVIDAD 21

Anuncio

Vocabulario para la próxima lección

Muebles

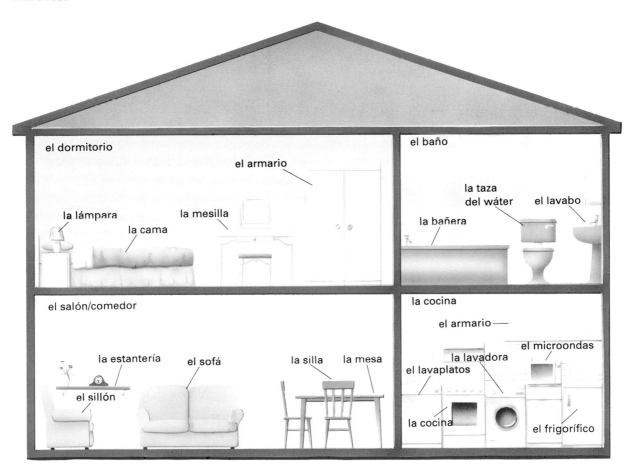

Gramática

PRESENTES
arreglar: El fontanero arregla las tuberías.
repartir: El cartero reparte las cartas.
atender: El dependiente atiende a los clientes.
hacer: El periodista hace reportajes.

VERBOS DE OBLIGACIÓN
tener que: El dependiente $\begin{Bmatrix} \text{tiene que} \\ \text{debe} \end{Bmatrix}$ atender a los clientes.
deber:

PRONOMBRES PERSONALES

Objeto directo

1ª persona: **me**   Juan me llamó ayer.
2ª persona: **te**   Ayer te vi en el cine.
3ª persona: **lo (le), la**
(**le** sólo si se refiere a un hombre)

Femenino:	Veo Saludo } a María. Llamo		**La**	veo. saludo. llamo.
Masculino:	Veo Saludo } a Luis. Llamo		**Lo** **Le**	veo. saludo. llamo.

Objeto indirecto

1ª persona: **me**   Luis me trajo un regalo.
2ª persona: **te**   María te dio la carta.
3ª persona: **le**

Femenino:	Digo **a María** la noticia.	**Le** digo la noticia.
Masculino:	Digo **a Luis** la noticia.	**Le** digo la noticia.
Con dos pronombres:	Digo **a María la noticia**. se la	**Se la** digo.
	Doy **a Carlos el libro**. se lo	**Se lo** doy.
Con el infinitivo:	Voy a llamar a Juan.	Voy a llamar**lo**. **le**.
	o	**Lo** **Le** voy a llamar.
	Voy a invitar a María. o	Voy a invitar**la**. **La** voy a invitar.

HACE QUE

¿Cuánto ¿Cuánto tiempo ¿Cuántos años ¿Cuántas semanas	} **hace que** {	trabaj**as** aquí? viv**es** aquí? conoc**es** a Miguel?

How long have you worked here?

Hace . . . que + presente:
  Hace tres años **que** trabaj**o** aquí.
presente + **hace/desde hace**:
  Viv**o** aquí **hace** tres años.
  Viv**o** aquí **desde hace** tres años.

*The emphasis is on the duration of the action,
not on the beginning.*

Hace . . . que + pretérito:
  Hace tres años **que** empec**é**.

*The emphasis is on the beginning of the
action, not on the duration.*

Vocabulario

Verbos

asegurar	*to assure*
cortar	*to cut*
curar	*to cure, heal*
mandar	*to send*
matricular	*to register, enrol*
mostrar	*to show, display*
solicitar	*to ask for*

Adjetivos

aburrido/a	*bored/boring*
diario/a	*daily*
enamorado/a	*in love*
familiar	*to do with the family*
la vida familiar	*family life*

Adverbios

demasiado	*too much, too many*
diariamente	*daily*

Nombres

almacén (m)	*warehouse, store*
grandes almacenes (m pl)	*department store*
amabilidad (f)	*kindness*
anuncio	*advertisement*
cartero/a	*postman/woman*
clave (f)	*key*
consejo	*(piece of) advice*
culpa	*blame*
curso	*a course*
deberes (m pl)	*duties, homework*
deseo	*desire, wish*
despacho	*office*
empresa	*company, firm*
enchufe (m)	*plug*
entrevista	*interview*
ficha	*index card*
fontanero	*plumber*
formación profesional (f)	*vocational training*
granja	*farm*
granjero/a	*farmer*
guerra	*war*
hogar (m)	*the home, home life*
lujo	*luxury*
mercancías	*goods*
peluquero/a	*hairdresser*
peluquería	*hairdressing salon*
puesto	*position, job*
requisitos	*requirements*
sueldo	*salary*
taller (m)	*workshop*
tema (m)	*subject, topic, theme*
traducción (f)	*translation*
traductor(a)	*translator*
vendedor(a)	*salesperson*

Expresiones útiles

consistir en	*to consist of*
mi trabajo consiste en organizar la fábrica	*my job consists of organising the factory*
tener la culpa	*to be at fault*
tienes la culpa	*it's your fault*
trabajo como peluquero	*I work as a hairdresser*

tres

¿Qué harás?

El futuro: intenciones, planes
De viaje
En la agencia de viajes
De vacaciones

La vivienda y los muebles
Descripciones
Cómo pedir algo y expresar
posesión

A ¿Adónde irás?

ACTIVIDAD I

David habla sobre su futuro viaje a México.

BILLETE DE PASAJE Y TALON DE EQUIPAJE
PASSENGER TICKET AND BAGGAGE CHECK

IBERIA
LINEAS AEREAS DE ESPAÑA

25 3 005 686 3

Los pasajeros deben examinar este billete, especialmente las condiciones del contrato.
Each passenger should carefully examine this ticket, particularly the conditions of contract herein.

Emitido por/Issued by IBERIA, Miembro de I.A.T.A./Member of I.A.T.A.
Domicilio social/Head office, VELAZQUEZ 130, MADRID 6—ESPAÑA
Inscrito en el Registro Mercantil, Madrid Hoja 5593, Folio 14, Tomo 183.

¡Atención!

me hace mucha ilusión = *I'm looking forward to it*

acabo de sacar un billete = *I've just bought a ticket*

acabo de llegar = *I've just arrived*

Escucha y escribe SI, NO o P (Posiblemente).
1 Irá a México la semana que viene.
2 Estará allí durante una semana.
3 Visitará a sus tíos.
4 Sus primos podrán enseñarle el campo.
5 Irá a las montañas.
6 Irá a Guatemala.
7 Volverá a España desde Guatemala.

Compara con un compañero.

Ahora escucha otra vez.
Escribe los verbos que están en el futuro.
Compara con un compañero.
¿Cómo se forma el futuro de los verbos?
Comprueba en la página 244.

ACTIVIDAD 2

Si **tengo** tiempo **iré** a Guatemala.
Si **estoy** en Guatemala **volveré** desde allí.
   presente   futuro

¿Irá a Guatemala?
Posiblemente (si tiene tiempo).
¿Volverá a España desde Guatemala?
Posiblemente (si está en Guatemala).

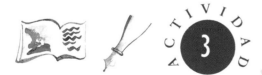

ACTIVIDAD 3

Lee esta carta de David a sus tíos en México.
Escribe los verbos en la forma correcta.
Atención: ¡No todos están en el futuro!

Queridos tíos,
Me hace mucha ilusión (visitar)os.
Acabo de (sacar) los billetes.
(Llegar) a México a las cinco de la tarde
del lunes. ¿(Venir) al aeropuerto a (buscar)me?
Me (quedar) con vosotros dos semanas. Los primos
(poder) enseñarme la ciudad ¿no? Luego, si
(tener) dinero (ir) a Acapulco.
¿(Querer) (venir) conmigo? Si (tener) tiempo
(ir) a Guatemala porque (decir) que es un
país bellísimo. Si estoy en Guatemala
(volver) a España directamente desde allí.
Hasta pronto,

Un abrazo

David

A C T I V I D A D 4

Estas personas hablan del posible futuro.
Forma frases así: **1d**

1 Si saco buenas notas	a tendrás hambre.
2 Si hago una buena entrevista	b no saldremos.
	c no podré ayudarte.
3 Si llueve	d iré a la universidad.
4 Si no vienes	e no verán la película.
5 Si bebes más	f no podrás conducir.
6 Si no comes	g me darán el trabajo.
7 Si no vienen a tiempo	

¡Atención!

si = *if*
sí = *yes*

A C T I V I D A D 5

Escribe frases sobre tu futuro.
Incluye lo que es seguro:
"Iré a España el año que viene."
Incluye lo que es posible:
"Si me gusta España me quedaré más tiempo."
Compara tus planes con los de un compañero.

A C T I V I D A D 6

Escribe una carta corta a un miembro de tu familia, o a un/una amigo/a que vive lejos de ti, diciendo que vas a visitarle.

Incluye: cuándo llegarás
cómo viajarás
cuánto tiempo te quedarás
qué harás
qué harás posiblemente
cuándo y cómo volverás

Utiliza la forma del futuro
y "si" + presente + futuro.
Haz preguntas.

Empieza: Querido/a . . . ,
Me hace mucha ilusión visitar . . .

Cambia tu carta con la de un compañero.
Comprobad los verbos.

Estudiante A: Pregunta más cosas sobre la familia o el/la amigo/a de tu compañero y el lugar donde vive.
Estudiante B: Contesta las preguntas de Estudiante A. Describe el lugar.

Cambia.

B ¿Adónde iremos?

Trabaja con un compañero y decide los pros y los contras de cada tipo de vacaciones.

	Pros	Contras
Lugar tranquilo (un pueblo pequeño en el campo)		
Lugar de moda (una playa con mucha gente)		
Camping: tienda de campaña caravana	-barato -estás en contacto con la naturaleza	- incómodo
Hotel		
Apartamento		
Crucero		

En la agencia de viajes

Escucha a dos personas eligiendo unas vacaciones.
Rellena la ficha de Actividad 8 con sus opiniones.

Estudiante A: Elige un tipo de vacaciones e intenta convencer a tu compañero para ir contigo.

Estudiante B: Elige otro e intenta convencer a tu compañero para ir contigo.

¿Adónde iréis?

Al Andalus Expreso

Mira las fotos de este fantástico viaje en tren.
Lee el texto y ordénalas.

A

B

C

D

E

F

G

VIAJAR A TODO TREN

Tras la seriedad de la Semana Santa, Sevilla se viste de fiesta para celebrar su Feria de Abril, un espectáculo único que hay que ver al menos una vez en la vida. Y nada mejor que hacer el viaje disfrutando del maravilloso paisaje del campo andaluz, desde la ventanilla de un tren de lujo. El viaje comienza con una cena seguida de espectáculo musical. Tras la llegada a Sevilla, los pasajeros disponen de dos días para recorrer la ciudad y disfrutar del bullicio y la alegría de la Feria. De regreso a Madrid, el tren se detiene en Córdoba con visita opcional a la Mezquita, el Alcázar y el Barrio Judío. El precio por persona, en departamento doble, es de 110.000 ptas. Las visitas turísticas a Sevilla y Córdoba son opcionales y su precio es de 2.000 ptas. cada una. Salidas el 14 y el 18 de abril de la estación de Chamartín.
Más información Al-Andalus.
Tel.: (91) 563 77 58.

H

En el Al Andalus, lujo y confort están asegurados.

Prepara un itinerario turístico con la información.
Estudia las fotos: ¿Qué pasará durante el viaje?
Escribe. Usa el futuro.

Ejemplo:
Foto 1: El tren saldrá de la estación Chamartín a . . .

ACTIVIDAD 12

Mira la postal.
Escribe una postal a tus amigos sobre tu viaje.

Querido José,
te escribo desde Madrid.
El tren llegará de un momento
a otro.
Me hace ilusión el viaje.
Iremos en el Al Andalus...

C El apartamento

Vocabulario
Mira el plano y pon los nombres de
las habitaciones.

Esta persona habla de un apartamento
que ha comprado.
¿En qué es diferente al plano?

- SQUASH
- PISCINA
- GIMNASIO
- JACUZZI

INFORMACION
Y
VENTA
EN OBRA
TEL. (974) 35 51 23

ACABADOS DE LUJO

- Aislamientos térmicos y acústicos
- Parket en toda la vivienda, excepto en cocina, baños y terrazas, que cuentan con cerámica de 1.ª calidad.
- Carpintería exterior en madera noble barnizada. Vidrio Climalit o similar en fachadas exteriores. Persianas en aluminio.
- Carpintería interior en madera noble con puertas en relieve, barnizadas, con herrajes de latón. Puertas de entrada a viviendas, blindadas con cerraduras de seguridad. Puertas vidrieras dobles con saetinos en salones de viviendas, con vidrio biselado.

- Calefacción individual con convectores de baja temperatura agua cliente individual con acumulador eléctrico. Control de temperatura con termostatos.
- Electrificación grado elevado, mecanismos serie SIMON-31 o similar. Video-portero, antena parabólica, dos tomas de TV/FM, y dos tomas de teléfono.
- Cocina con encimera, muebles altos y bajos, fregadero de acero inoxidable, placa eléctrica, horno empotrado, lavadora automática, lavavajillas y campana extractora.
...etc.

Ahora lee lo que ofrecen los apartamentos de Residencial
Olimpiada (Actividad 13).
Pon la palabra con el dibujo que le corresponde.

1 persiana	5 campana extractora
2 fregadero	6 lavavajillas
3 placa eléctrica	7 horno
4 lavadora	8 encimera

Haz una lista de todos los materiales mencionados en el texto.

Escribe las tres cosas que más te atraen de estos apartamentos.
Compara tu lista con un compañero.

ACTIVIDAD 16

Haz un dibujo (un plano) de tu habitación o un cuarto de tu casa.

Estudiante A: Describe el cuarto a Estudiante B sin enseñar el plano. Incluye los materiales de los muebles y electrodomésticos.
Estudiante B: Dibuja el cuarto de Estudiante A.
Compara.

Cambia.

¡Atención!

enseñar = *to teach; to show*

D ¿De quién es?

ACTIVIDAD 17

Estudia la gramática de la página 238 y recuerda los posesivos.

ACTIVIDAD 18

Lee la carta que Rosa María envió a su amiga.

1 Pon los posesivos en los espacios en blanco.
2 Completa el plano del primer piso y del ático utilizando la información de la carta.
¿Para qué se usa y de quién es cada habitación?

Queridos amigos:

Sentimos mucho no haberos escrito antes, pero, como podéis imaginar, estamos muy ocupados.

Por fin han terminado _____ ático. Es muy bonito y hay mucha luz. Hemos puesto _____ dormitorio allí. Eduardo tiene ___ estudio en el primer piso, en el cuarto pequeño.

Las niñas han cambiado también. Ahora _____ dormitorio está en el cuarto más grande del primer piso, que antes era _____ dormitorio.

Chus, _____ au pair, tiene ___ dormitorio y estudio en el cuarto mediano, que antes era el dormitorio de las niñas. Un poco complicado, ¿no?

Ya hemos ordenado un poco _____ cosas, aunque yo aún tengo que organizar _____ papeles. _____ suegros vendrán a ayudarnos la semana que viene. Esperamos tenerlo todo terminado para Navidad. Os esperamos, pues. Nos hará mucha ilusión pasar las Navidades con vosotros.

Un abrazo y hasta pronto,

Rosa

PISO BAJO

escaleras

salón

cuarto de estar

cocina

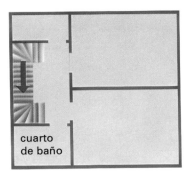

cuarto de baño

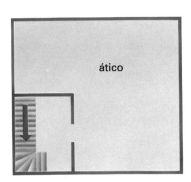

ático

Mira los dibujos y escribe las frases completas.

Dígame.

Hola Gustavo.
Soy Ana.
Puedes traer ___
estéreo a ___
fiesta?
___ ___ está
estropeado.

Lo siento pero ___ ___
está estropeado también

¿Qué puedo hacer?

¿Por qué no llamas a Enrique?
___ estéreo es muy bueno y ___
discos son buenos también.

Ahora escucha la conversación.
Compara tu diálogo.

Estudiante A: Quieres ir a esquiar pero no tienes esquís.
Pide a Estudiante B sus esquís.

Estudiante B: Tus esquís están rotos. Recomienda que
llame a otro amigo.

Continúa: la playa/coche
tenis/raqueta
cumpleaños/cámara fotográfica

Inventa otras situaciones.

Mira Actividad 19 otra vez.
Esta vez Paco y María llaman a Carlos y Pilar.
Escribe el mismo diálogo cambiando los posesivos.

¡Atención!

mi = *my (belongs to one person)*
nuestro = *our (belongs to more than one person)*

Ahora haz lo mismo con los diálogos de Actividad 20.

E En casa o en clase

Lee la introducción del texto.
Dice que un ordenador en tu casa podrá hacer tu vida más cómoda muy pronto.
Escribe una lista de las cosas que te gustaría hacer más fácilmente, gracias a la tecnología.

Lee el resto del artículo.
¿Coincidís?

1 ¿Qué tipo de energía se usa para calentar el agua?
2 ¿Dónde se calientan los alimentos?
3 ¿Cómo nos ahorra dinero el ordenador?
4 Hay dos cosas para las que normalmente sirven las ventanas.
  ¿Cuáles son y cómo las hace el ordenador?
5 El ordenador también se encarga de la seguridad de la casa. ¿Cómo?

Una vivienda inteligente

TEXTO:
PATRICIA NIETO

La tecnología punta puede invadir nuestras casas en un futuro no tan lejano. Como si fuera de ciencia ficción, podremos manejar todo desde un panel informático. Abriremos la puerta con nuestra voz, cocinaremos apretando un botón, la ducha a la hora exacta ...

Es un ordenador central el que lo hace todo. Absolutamente todo, desde que comienza el día. Nos despierta por la mañana con una agradable música al gusto del usuario. Nos prepara la ducha a la temperatura deseada, gracias a las placas solares instaladas en el tejado del edificio. Mientras tanto, se calienta el desayuno que hemos dejado la noche anterior en el microondas.

La temperatura de la casa está perfectamente regulada a 22 grados centígrados y el ordenador la mantiene constante gracias a un sensible termostato que apaga y enciende según las variaciones del exterior de la vivienda. Enciende por la noche y apaga por la mañana para aprovechar la tarifa nocturna. Apaga los aparatos que sean necesarios cuando se está sobrepasando el límite impuesto para el gasto de la energía eléctrica, y ventila la casa automáticamente, sin que sea necesario abrir las ventanas. Pero, si se quiere, se puede disponer de una instalación de cable de fibra óptica que conduzca la luz natural hasta el interior de cada una de las habitaciones.

Si se produce una fuga de gas o de agua, el sistema cerrará la llave de paso inmediatamente y avisará; si es de noche encenderá la luz del dormitorio para despertarnos.

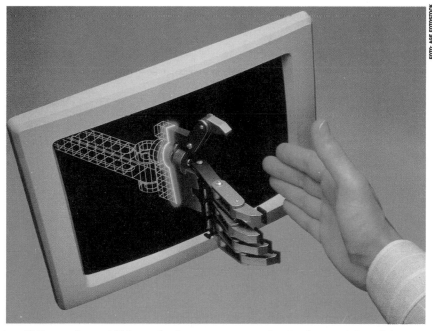

La auténtica ama de casa del futuro será nada menos que un pequeño ordenador capaz de hacer todo...

¿Más gramática?

Haz una lista de las frases que tienen pronombres.

Decide de qué clase son: reflexivos/ personales/demostrativos/posesivos.

Haz una lista de los verbos en futuro.

Imagínate que has comprado un ordenador parecido para tu casa.
Escribe una carta a un amigo explicando lo que hace y cómo te ayuda. Utiliza tu imaginación.

Vocabulario para la próxima lección

Señales de tráfico

Une el texto con la señal que le corresponde.

a Prohibido el paso   **c** Prohibido adelantar   **e** Cruce   **g** Velocidad limitada
b Prohibido aparcar   **d** Obras   **f** Ceda el paso   **h** Peligro

Gramática

EL FUTURO
est**ar**:
volv**er**: -é -ás -á -emos -éis -án
viv**ir**:

Irregular:
decir: dir-
haber: habr-
hacer: har-
poder: podr-
poner: pondr-   -é -ás -á -emos -éis -án
querer: querr-
saber: sabr-
salir: saldr-
tener: tendr-
venir: vendr-

Ejemplo: Si tengo dinero iré a Acapulco.
(**Si** + presente + futuro)

ACABAR DE + infinitivo
Acabo de llegar. *(I've just arrived.)*

HACER ILUSION + infinitivo
Me hace ilusión viajar a México. *(I'm looking forward to going to Mexico.)*

PRONOMBRES POSESIVOS

mi			
tu			
su	estéreo	está	estropeado/a
nuestro/a	cámara		
vuestro/a			
su			

el mío/la mía		
el tuyo/la tuya		
el suyo/la suya	está	estropeado/a
el nuestro/la nuestra		
el vuestro/la vuestra		
el suyo/la suya		

el estéreo	es	mío/a
la cámara		tuyo/a
		suyo/a
		nuestro/a
		vuestro/a
		suyo/a

Estudia los plurales en la página 238.

Vocabulario

Verbos

acabar	*to finish*
acabo de llegar	*I've just arrived*
ahorrar	*to save (money)*
atraer	*to attract*
aumentar	*to increase*
ayudar	*to help*
buscar	*to look for; to pick (someone) up*
calentar	*to heat up*
conducir	*to drive*
convencer	*to convince*
despertarse	*to wake up*
elegir	*to choose*
faltar	*to be missing*
faltan dos libros	*two books are missing*

Adjetivos

barato/a	*cheap*
inoxidable	*stainless*
acero inoxidable	*stainless steel*
tranquilo/a	*peaceful*

Nombres

abrazo	*hug, embrace*
alimento	*food (in general)*
crucero	*(sea) cruise*
electrodomésticos (m pl)	*domestic electrical appliances*
encimera	*worktop (kitchen)*
fregadero	*(kitchen) sink*
ordenador (m)	*computer*
persiana	*a blind*
plano	*a plan*

Expresiones útiles

Un abrazo	*With best wishes (at the end of an informal letter)*
¡Bienvenido/a(s)!	*Welcome!*
te busco (a las siete)	*I'll pick you up (at seven)*
faltan (dos libros)	*(two books) are missing*
me hace ilusión	*I'm looking forward to it*
lo siento	*I'm sorry*
batir un record	*to break a record*
sacar buenas notas	*to get a good result in an exam*
(llegar) a tiempo	*(to arrive) on/in time*
de moda	*fashionable*
en conjunto	*altogether*

cuatro

Se prohíbe aparcar

Prohibiciones	¿Qué ha pasado hoy?
Reparación, alquiler, revisión de coches	Excusas
	Pedir disculpas

A No se puede aparcar

ACTIVIDAD 1

¡Atención!

una multa = *a fine*

¿Quiénes son?
¿Qué están haciendo?

Escucha y contesta:

1 El guardia pone una multa porque
   a el coche está mal aparcado.
   b el hombre conduce a mucha velocidad.
   c el hombre no tiene su carnet de conducir.

2 El conductor
   a no conoce la ciudad.
   b conoce la ciudad pero no vive allí.
   c vive en la ciudad.

3 El hombre
   a piensa que se puede aparcar.
   b está buscando un parking.
   c sabe que está prohibido aparcar.

Se prohíbe = Está prohibido

1

2

3

4

5

¡Atención!

Prohibido fumar =

No se puede fumar aquí.

Prohibido aparcar =

No se puede aparcar aquí.

Pon la letra que corresponde a cada símbolo.

a se prohíbe aparcar/prohibido aparcar
b se prohíbe pegar carteles
c se prohíbe pisar el césped
d se prohíbe fumar
e se prohíbe el paso, propiedad particular

¿Hay más cosas que están prohibidas en tu ciudad o tu trabajo?
Escríbelas. Compara con un compañero.

¿Hay cosas que te gustaría prohibir?
¿Hay cosas que te gustaría permitir?
Escribe tus ideas.

Ejemplos: Se prohíbe beber por la calle.
          No se puede beber por la calle.
          Se permite escuchar música mientras se trabaja.

Intercambia tus ideas con un compañero.

Estudia los dibujos e indica:
Así sí, Así no.

ACTIVIDAD 4

1

2

3

4

5

6

Ahora busca la frase para cada foto.

a transportar a otra persona
b acercarse demasiado al vehículo que circula delante
c parar ante los pasos de peatones, si éstos están cruzando
d ir emparejados ni en grupos, sino en "fila india"
e soltar las dos manos del manillar
f adelantar a otro vehículo que vaya muy despacio

Completa cada frase con estos ejemplos:
Se prohíbe/Está prohibido
Se permite/Está permitido
Se debe
Se puede
No se puede

¡Atención!

sino = *but*
(no ocho sino nueve)
fila india = *single file*

A C T I V I D A D 5

El coche fantástico de Jesús Gil

Jesús Gil es un hombre de negocios y el presidente del Atlético de Madrid club de fútbol. Este coche es un regalo de sus socios (*partners*) ingleses.

Antes de leer, estudia las fotos.
¿Qué tiene el coche?
¿Qué se puede hacer en él?

Fabricado en los Estados Unidos, el Chevy Van Sarcraff, con matrícula del Estado de Jersey, es una pieza de pura artesanía, sobre todo en lo que se refiere a su cuidado rematado interior. En su interior hay casi de todo, desde un pequeño aparato de televisión con vídeo, hasta el último modelo de «compact-disc», que, por medio de la instalación estereofónica, es capaz de convertir el interior del coche en una auténtica discoteca. Tiene seis asientos y, en la parte de atrás, una cama. Los asientos se convierten en camas; se adelantan o se retrasan a gusto del que los utiliza.

Las mesas son de madera y el mueble-bar dispone de las suficientes vituallas para un largo recorrido. La comodidad es, pues, máxima. Gil y Gil, ejecutivo que ha de estar en contacto constante con sus empresas, dispone en su coche de un teléfono de «larga distancia» para comunicarse con sus corresponsales.

La cilindrada del vehículo es de 5700 y la velocidad máxima de 160 kilómetros a la hora.

«El coche fantástico», como ya le llaman los aficionados al fútbol, fue visitado por centenares de curiosos y también por los jugadores del equipo del estadio del Manzanares.

Hay muchas cosas que se pueden hacer en el coche.
¿Cuáles son?

Vocabulario
Busca una palabra que significa:
a construir
b objeto
c viaje
d compañía

B El coche

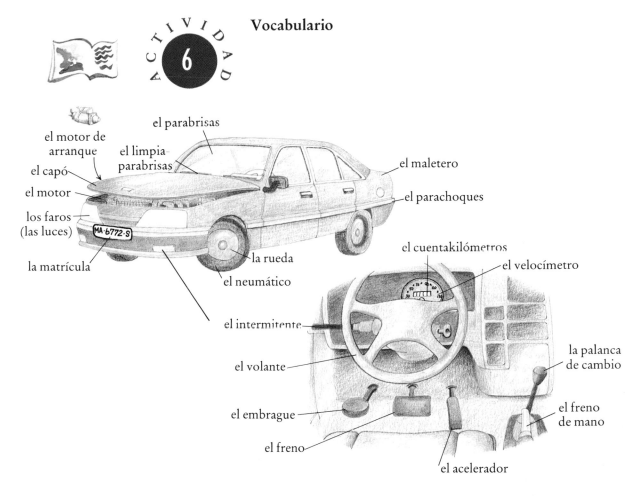

Vocabulario

ACTIVIDAD 6

el parabrisas
el motor de arranque
el limpia-parabrisas
el capó
el motor
los faros (las luces)
la matrícula
MA·6772·S
la rueda
el neumático
el maletero
el parachoques
el intermitente
el volante
el embrague
el freno
el acelerador
el cuentakilómetros
el velocímetro
la palanca de cambio
el freno de mano

ACTIVIDAD 7

Estas cuatro personas tienen coches que necesitan reparación o revisión (*service*).
Escucha las conversaciones con el mecánico.

1 Indica en los dibujos (Actividad 6) la parte del coche que necesita atención.
2 Escribe una frase sobre el problema.

Ejemplos:
El coche está estropeado.
Hay que cambiar el aceite.

¡Atención!

estropear(se) = *to break down*
tener una avería = *to have a breakdown*
arrancar = *to start (car)*
tener un pinchazo = *to have a puncture*
la grúa = *breakdown truck*

Estudiante A: esta página
Estudiante B: página 218

Estudiante A:
Estás de vacaciones.
Tu coche tiene unos problemas.
Decide qué problemas son:
  No funciona el faro de la derecha.
  No arranca el coche.
  Está estropeado el/la . . .
  Pierde aceite.
  etc.
Explica al mecánico (Estudiante B).
El mecánico te pregunta sobre los problemas.
Necesitas el coche pronto.
¿Cuándo estará listo? Pregunta.

Cambia.

Escribe una postal a tu amigo o a tu familia explicando
lo que ha pasado con tu coche en tus vacaciones
(Actividad 8).
Empieza:

Ahora estamos en ____.
El coche está
estropeado y tengo
que esperar hasta

Quiero alquilar un coche.
Escucha y contesta SI o NO:
1 Quiere alquilar el coche durante diez días.
2 Lo quiere hoy.

3 El Renault cuesta 2.300 pts al día y 27 pts por kilómetro.

4 El precio incluye seguro y gasolina.

5 Tiene que recoger el coche a las ocho.

Estudiante A: Quieres alquilar un coche.
Estudia la información. Decide para cuánto tiempo, qué tipo de coche, cuándo lo necesitas, etc.
Pide a Estudiante B.

Estudiante B: Tú eres el/la dependiente/a.
No tienes el coche que elige Estudiante A en primer lugar. Tiene que elegir otro.

Cambia.

Citer ATESA

		AIRE ACONDICIONADO	RADIO		TARIFA NORMAL STANDARD RATES		KILOMETRAJE ILIMITADO UNLIMITED MILEAGE		
PENINSULA CONTINENTAL SPAIN				PUERTAS DOORS	POR DIA PER DAY	POR KM. PER KM.	7-13 DIAS/DAYS POR DIA PER DAY	14-21 DIAS/DAYS POR DIA PER DAY	21 ó MAS DIAS/DAYS POR DIA DAY
Grupo	MODELO								
A	CITROËN AX 11 RE FORD FIESTA / OPEL CORSA			2 2	4.250	31	7.300	6.500	5.720
B	CITROËN AX 14 SEAT IBIZA 1.2 / PEUGEOT 205 GL	•	•	4 4	4.950	43	9.500	8.450	7.450
C	FORD ESCORT 1.3		•	4	6.100	54	11.800	10.500	9.250
D	CITROËN BX 14 RE PEUGEOT 309 GL		• •	4 4	7.200	67	13.900	12.350	10.850
E	FORD ORION GHIA 1.6 OPEL KADETT GL 1.6		• •	4 4	9.300	82	17.500	15.550	13.680
F	CITROËN BX 16 TRS / RENAULT 21 GTS	•	•	4	10.000	93	19.500	17.350	15.270
G	CITROËN BX 19 SW / RENAULT NEVADA SW	•	•	4	11.100	100	20.800	18.300	16.100
H	CITROËN BX 19 TRS / TRD turbo	•	•	4	11.100	100	20.800	18.300	16.100
I	CITROËN BX 19 GTI / FORD SIERRA 2.0	•	•	4	11.900	106	22.500	19.800	17.400
J	CITROËN XM 2.0i	•	•	4	13.400	115	27.000	24.000	21.500
L	CITROËN XM V6 3.0i	•	•	4	25.000	195	45.000	41.000	38.000
M	CITROËN C-25 MINIBUS / VW MINIBUS FORD TRANSIT MINIBUS	• •	• •	4 4	15.000	150	30.000	27.000	24.000

C ¡Qué día he tenido!

El pretérito perfecto
"Sólo he parado un momento."
"He dejado mi carnet en el hotel."
"¿No ha visto la señal?"

Escribe cinco frases con el pretérito perfecto.
Mira la sección de gramática en página 245.

Juan ha tenido un día malo.
Juan ha llegado tarde a su trabajo.
¿Por qué?

Con un compañero, haz una lista de las causas por las que
se llega tarde.

Ejemplos: perder el autobús
           levantarse tarde

> **¡Atención!**
>
> perder = to miss (a bus, train, etc.)

Escucha.
Señala y añade a tu lista las causas que menciona Juan.

Haz preguntas y contesta.

Ejemplo: levantarse/tarde
          ¿Por qué se ha levantado tarde?
          Porque no ha oído el despertador.

¡Atención!

Reflexivos:

despertarse   Juan se ha despertado.
levantarse   Se ha levantado.

Continúa:
1 levantarse tarde
2 no ir/coche
3 no llegar/tren
4 tomar/taxi
5 llegar/sudando

ACTIVIDAD 15

Escribe la historia de Juan en tercera persona.
Comienza:
Esta mañana Juan se ha despertado tarde porque no ha oído su despertador . . .

Repite la historia utilizando el pretérito indefinido:
La semana pasada Juan se despertó tarde . . .

ACTIVIDAD 16

Estudiante A: esta página
Estudiante B: página 219

Estudiante A:
1 Estás en la puerta del teatro.
   Tu amigo/a está furioso/a porque has llegado tarde.
   Explica lo que ha pasado. (Tu coche se ha estropeado u otras causas.)
   Discusión: Estás apenado/a y lo sientes mucho.
   Cambio de planes.
   ¿Ir al cine? ¿Dónde?

2 Estás en la estación.
   Vas a ir de vacaciones con un amigo/a.
   Hace dos horas que le esperas y él/ella no viene.
   El tren ha salido hace media hora . . .
   ¡Tu amigo tiene los billetes!
   Tu amigo/a llega. Discusión.
   ¿Cambio de plan/tren . . . ?

¡Atención!

Lo siento
Discúlpame
Perdona

D Ya me voy

ACTIVIDAD 17

ya
aún   aún no
todavía   todavía no

A: ¿Aún estás aquí? *(Are you still here?)*
B: Sí, pero ya me voy. *(Yes, but I'm going now.)*

A: ¿Has hecho los deberes? *(Have you done your homework?)*
B: Sí, ya los he hecho. *(Yes, I've already done it.)*
Aún no. ⎫
Todavía no. ⎬ *(Not yet.)*

> **¡Atención!**
> ya *also means 'OK'*

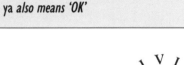

ACTIVIDAD 18

Completa las frases con:
aún   aún no
todavía   todavía no
ya

1 **A:** ¿Cuándo vas a cambiar el coche?
   B: .... lo he cambiado.
2 **A:** ¿Quieres venir al cine conmigo?
   B: Lo siento. .... he terminado mi trabajo.
3 **A:** ¿.......... duerme la niña?
   B: No. .... se ha levantado.

ACTIVIDAD 19

Ahora escucha los mismos diálogos.
Comprueba tus respuestas.

Inventa más.
Escríbelos y practica con un compañero.

ACTIVIDAD 20

Escribe frases sobre ti.
Incluye cosas que tienes la intención de hacer pero
aún/todavía no has hecho, y cosas que ya has hecho.
Compara con un compañero.

ACTIVIDAD 21

Esta carta es de una amiga que vive en España a otra que
vive en Londres.
1 Lee y busca la siguiente información:
   a unos planes   **d** una invitación
   b un problema   **e** un consejo
   c unos favores

Querida Carmen.
¿Qué tal la vida en Londres? ¿Qué tal estás?
Supongo que los niños ya van al colegio ¿verdad?
¿Cómo va el trabajo? Me dicen que ahora tú
trabajas también.
Te escribo con buenas noticias. Ya tenemos vacaciones y tenemos la intención de visitaros durante
parte del mes de septiembre.
¿Qué te parece? ¡Hace tanto tiempo que no nos ve-
mos! Estamos muy ilusionados.
Aún no hemos comprado los billetes. ¿Qué fecha
os va mejor, el 15 o el 22 de septiembre?
Ahora te voy a pedir un favor. Tomás no gana
mucho dinero y yo tampoco, así que, ¿Podemos
quedarnos en tu casa unos días? Si no, ¿Puedes
buscarnos una pensión buena y barata?
Como sabes, nos gusta mucho el teatro y queremos
ir a algunos musicales populares. No sé lo que es
más interesante. ¿Podrías conseguir unas entradas
para dos o tres de los mejores espectáculos? para
vosotros también, podemos ir todos juntos. Queremos
ir a museos, galerías de arte, y de compras, claro.
Nunca he ido a Londres y me hace mucha ilusión.
Ya he empezado a hacer las maletas pero aún
no he decidido si llevar ropa de abrigo o no.
¿Necesitaremos impermeables o paraguas? Dicen que
llueve mucho. ¿Es cierto? ¿Hace frío en septiembre?
Escribe pronto con más detalles. Aún hay tiempo
Un abrazo
tu amiga Pili.

¡Atención!

ropa de abrigo = *winter clothing*
el impermeable = *raincoat*
el paraguas = *umbrella*

2 Busca ejemplos de "aún" y "ya".

3 Busca una palabra que significa:
  a mucho   **d** comprar
  b emocionado   **e** información
  c estar

E En casa o en clase

ACTIVIDAD 22

Lee la carta de Pili otra vez.
¿Qué problemas ves en su carta?
Trabaja con un compañero.

La vida de Carmen ha cambiado mucho.
Con los niños y el trabajo no tiene tiempo.
¡Tampoco dinero!

Escribe una carta a Pili.
Menciona el trabajo, la falta de espacio en casa, los niños,
las distancias, los gastos, las diferencias en el tipo de vida.
No puedes/No quieres ayudar.
Escribe, dándole escusas. Pide disculpas.

Comienza:

Querida Pili:

He recibido tu carta con alegría.

Hace mucho que no nos escribimos. Estamos
muy bien, pero trabajamos mucho. Los niños van
al colegio muy contentos.
En cuanto a vuestra visita a Londres, nos gustaría
mucho veros, pero me temo que habrá muchas
dificultades.
En primer lugar.

Inventa más ejemplos: decorar la casa
                      visitar a tu madre
Incluye frases con "aún", "ya", "todavía", "aún no" . . .

¡Atención!

en primer lugar = *firstly*
luego = *then, next*
también = *as well, also*

Otros verbos con **se**

SE VENDE

SE ALQUILA

SE RUEGA SILENCIO

SE HABLA · INGLES

Vocabulario para la próxima lección

De excursión y de camping

una tienda

un anorak

un bastón

un saco de dormir

una cacerola

una mochila

cerillas

un botiquín

unas botas

Gramática

EXPRESIONES CON **se**

se prohíbe	*prohibited*
(= está prohibido)	
(no) se permite	*(not) permitted,*
(= (no) está	*allowed*
permitido)	

Se debe + infinitivo	*One should*
Se puede + infinitivo	*One can*
Se vende	*For sale*
Se alquila	*For rent/To let*
Se ruega (silencio)	*(Silence) please*
Se habla (inglés)	*(English) spoken*

EXPRESIONES CON **está**

Está estropeado.	*(It's broken (down)/*
	spoilt.)
Está arreglado.	*(It's repaired/fixed.)*

OBLIGACION: **Hay que** + infinitivo

Hay que estudiar mucho en la universidad.

One has ⎫
You have ⎬ *to study hard at university.*

PRETERITO PERFECTO

he
has
ha
hemos   + participio
habéis
han

Participios regulares:

lleg**ar**	lleg**ado**
perd**er**	perd**ido**
sal**ir**	sal**ido**

Participios irregulares:

escribir	escrito
hacer	hecho
poner	puesto
ver	visto
volver	vuelto

YA, AUN, TODAVIA

¿Cuándo vas a hacer el trabajo?
Ya lo he hecho.
Aún no lo he hecho.
Todavía no lo he hecho.
Aún ⎫
Todavía ⎬ tengo mucho tiempo para hacerlo.

Vocabulario

Verbos

acercarse	*to approach, to get too close*
adelantar	*to overtake (a vehicle)*
alquilar	*to rent; to let*
arrancar	*to start (a car)*
circular	*to drive; to circulate (traffic)*
conseguir	*to get, to obtain; to manage*
pisar	*to tread on, to step on*
quedarse	*to stay, to remain (in a place)*
soltar	*to let go*
solucionar	*to solve*
sudar	*to sweat*
tirar	*to throw away; to upset*

Adjetivos y adverbios

cierto	*certain*
ilusionado/a	*excited, looking forward to something*
listo/a	*ready*

Nombres: el coche y la carretera

acelerador (m)	*accelerator*
arranque (m)	*starter (car)*
autopista	*motorway*
calzada	*roadway*
capó	*bonnet*
carnet (m) (de conducir)	*(driving) permit/ licence*
cruce (m)	*crossroads, junction*
cuentakilómetros (m sing)	*speedometer, milometer*
embrague (m)	*clutch*
faro	*headlight*
freno	*brake*
gasolina	*petrol*
gasolinera	*filling station*
intermitente (m)	*indicator*
limpiaparabrisas (m sing)	*windscreen wiper*
maletero	*car boot*
manillar (m)	*bicycle handlebars*
matrícula	*registration number*
motor (m)	*engine*
multa	*a fine*
neumático	*tyre*
palanca (de cambio)	*(gear) lever*
parabrisas (m sing)	*windscreen*
parachoques (m sing)	*bumper*
peatón/peatona	*pedestrian*
pinchazo	*puncture*
rueda	*wheel*
velocímetro	*speedometer*
volante (m)	*steering wheel*

Otros nombres

ayudante (m/f)	*assistant*
despertador (m)	*alarm clock*
disculpa	*apology*
impermeable (m)	*raincoat*
pelota	*ball*
propiedad (f)	*property*

Expresiones útiles

¿Estás listo?	*Are you ready?*
fila india	*Indian file, single file*
Me parece (que) . . .	*It seems to me (that) . . .*
Me temo que . . .	*I'm afraid that . . .*

cinco

A h o r a   y   a n t e s

> Hablar de nuestra vida:
>   ahora y antes
>   cambios
>   recuerdos
>   el pasado: la vida diaria y la rutina
> De camping y de excursión

A ¿Qué hacías antes?

Rosa María habla de su vida: **ahora** en Londres, y **antes** en Barcelona.

Antes de escuchar, lee la lista de sus actividades.
Escucha el cassette e indica **ahora** o **antes** en la lista.

Escribe frases completas.
Ejemplos: Antes vivía en el campo.
               Ahora vive en la ciudad.

	Antes	Ahora
vivir/el campo		
vivir/la ciudad		
trabajar/las mañanas		
salir/compras		
comer/restaurantes		
comer/sandwich		
tener/hijos		
nadar/piscina		
pasear/campo		
ir/tren		
ir/metro		

El pretérito imperfecto
Mira la página 246 de la gramática.

Antes . . .　　　　　nadaba en la piscina.
　　　　　　　　　　vivía en el campo.
Todos los días . . .　comía en restaurantes.

ACTIVIDAD 2

ACTIVIDAD 3

Lee las frases y rellena el espacio con el verbo correcto en la forma correcta.

1 Cuando (yo) . . . . en Barcelona siempre
. . . . en restaurantes pero ahora . . . . en
Londres y . . . . un sandwich en la oficina.

2 Antes Pedro . . . . vino cada día pero ahora sólo
. . . . zumo y agua.

3 Antes (nosotros) . . . . a la playa de vacaciones
  cada año pero ahora . . . . a la montaña
  generalmente.
4 Antes los sres Nogueras . . . . generalmente en
  tren pero ahora . . . . en coche.
5 En la época de exámenes vosotros . . . . mucho
  cada noche pero ahora . . . . la televisión.
6 En Barcelona . . . . un piso muy pequeño pero
  ahora . . . . una casa grande.

Ahora escucha las frases completas. Comprueba.

El pretérito imperfecto: Uso

a Cuando hablamos sobre acciones repetidas o habituales
sin especificar el número de veces:
Ejemplo: Todos los días comía en un restaurante.

b Acción en el pasado sin especificar el tiempo, y sin
decir cuándo ocurrió:
Ejemplo: Antes vivía en Barcelona.

Mira la página 246 de la gramática.

Expresiones/Adverbios de tiempo

a Generalmente
  A veces
  Muchas veces
  Los fines de semana } iba a los restaurantes universitarios.
  Normalmente } hacíamos viajes a otros lugares.
  De vez en cuando } comían en restaurantes.
  A menudo
  Diariamente
  Siempre

b Antes { tenía una habitación en una residencia.
             vivía con otros estudiantes.

Ahora escucha a Rosa María otra vez.
Escucha los verbos en el imperfecto.
¿Sabes escribirlos?

vivir   tener
trabajar   nadar
salir   pasear
comer   ir

INSTITUTO DE FOTOGRAFIA PROFESIONAL

"El curso IFP de fotografía ha cambiado mi vida. Antes trabajaba en una oficina de viajes. Ahora viajo yo, con mi cámara. Soy un gran profesional, gracias a IFP."

Alfonso Paz, fotógrafo

Pon las frases que faltan en la forma correcta del pretérito imperfecto.

Ahora
1 Soy un gran fotógrafo.
2 Conozco a mucha gente.
3 Tengo mucho más dinero.
4 Viajo mucho a sitios muy interesantes.
5 Trabajo cuando quiero.
6 Vivo en mi propio apartamento en Madrid.
7 No me aburro nunca.

Antes
1 Trabajaba en una agencia de viajes.
2 No conocía a nadie.
3
4
5
6
7

Escribe sobre ti.
Cambios en tu vida:
¿Qué es diferente ahora de antes?

Cuenta a un compañero lo que has escrito en Actividad 7.

B Cuando era pequeño

María Jesús, Rosa y Javier hablan de su infancia.

1 María Jesús y Rosa vivían en España. ¿Dónde vivía Javier?

2 ¿A qué jugaba cada uno? Elige los dibujos.

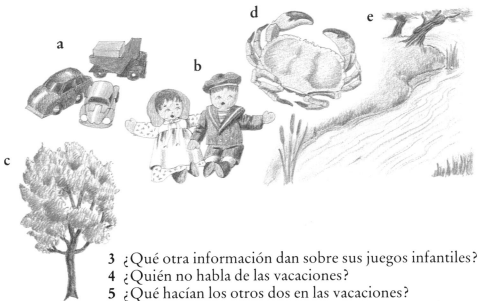

3 ¿Qué otra información dan sobre sus juegos infantiles?

4 ¿Quién no habla de las vacaciones?

5 ¿Qué hacían los otros dos en las vacaciones?

6 Una persona habla de los fines de semana. ¿Qué hacía?

7 ¿Quién no habla del colegio?

Habla de tu infancia con un compañero.
Habla de lo que hacías cada día,
      a que jugabas,
         lo que hacías durante las vacaciones.

C ¿Qué hacíais?

Maribel y Fernando fueron de viaje al Himalaya.
Lee lo que hacían cada día.

Cada día nos levantábamos al amanecer. Llevábamos el horario del sol y había que aprovechar el corto día invernal. Preparábamos un fuerte desayuno y comenzábamos a recoger el campamento. Esta tarea de montar y desmontar el campamento cada día era una de las cosas más pesadas. Aunque ya teníamos práctica, llevaba tiempo organizar todas las cosas en su respectivo bidón o saco. Caminábamos una media de cuatro horas por la mañana y, siempre que era posible, parábamos a comer un par de horas al mediodía. Ése era el mejor método, porque así descansábamos y a la tarde podíamos andar otras tres o cuatro horas más, aunque no siempre lo pudimos hacer así. Antes de que anocheciera teníamos que buscar lugar para acampar. Debía de tener agua y ser relativamente plano, lo que a veces era muy difícil de encontrar.

Tshering se encargaba de organizar la cocina, buscaba leña (a veces la comprábamos en las casas), preparaba el fuego y se ponía a hacer el arroz.

Nosotros íbamos más ligeros llevando una mochila cada uno con las cosas que podíamos necesitar durante la marcha: ropa de abrigo, botiquín, algo de comida, cámaras de fotos y de cine, dinero y documentos *no robables*, altímetros, gafas, mapas, libros, linternas, gorro de sol, cartas para jugar en los ratos libres y otras pequeñas cosas.

Vocabulario
Busca las traducciones correctas.

1	amanecer	**a** *a can, drum*
2	anochecer	**b** *to put up/take down the tent*
3	aprovechar	**c** *flat*
4	recoger	**d** *to get dark*
5	tarea	**e** *to collect*
6	montar/desmontar el campamento	**f** *rice*
7	un bidón	**g** *firewood*
8	plano	**h** *to get light*
9	la leña	**i** *job, task*
10	el arroz	**j** *to take advantage of*

1 ¿Qué hacían por la mañana?
2　　　　　a mediodía?
3　　　　　por la tarde?
4　　　　　por la noche?
5 ¿Cuándo se levantaban y por qué?
6 ¿Cómo era el desayuno?
7 ¿Qué era lo más pesado?

8 ¿Cuántas horas andaban cada día en general?
9 ¿Qué hacían antes de anochecer?
10 ¿Cómo era el lugar ideal para acampar?
11 ¿Qué hacía Tshering?
¿Cuál era su trabajo?

Señala los verbos que están en el imperfecto y da el infinitivo.

ACTIVIDAD 12

Escribe la historia en la tercera persona plural.
Empieza:
Maribel y Fernando cada día se levantaban al amanecer . . .

ACTIVIDAD 13

Habla y/o escribe.
Describe un día típico de tus vacaciones.
¿Qué hacías todos los días durante las vacaciones?

ACTIVIDAD 14

Escucha a Maribel y Fernando hablando de lo que ocurrió un día de su aventura.
Algunas cosas son las mismas de cada día.
Algunas cosas son diferentes.
¿Cuáles son las diferencias?

¿Qué diferencias encuentras en los verbos?
Compara las formas de los verbos con las de Actividad 11.

D De camping

ACTIVIDAD 15

Vocabulario
Mira los dibujos y busca la palabra adecuada de la lista.

1　　　　　　2　　　　　　3

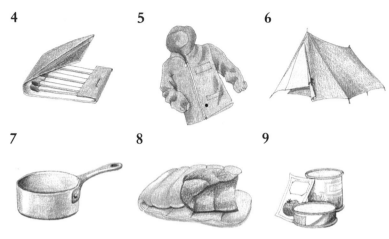

una tienda
una mochila
unas botas
un anorak
un saco de dormir
cerillas
comida
una cacerola
un mapa

¿Necesitas más cosas para ir de camping o de excursión?
Busca las palabras en el diccionario.
Trabaja con un compañero.

ACTIVIDAD 16

Estudia la frase ". . . cartas **para jugar** en los ratos libres"
(línea 11 del texto, Actividad 11).

A: ¿Para qué llevan cartas?
B: Para jugar en los ratos libres.

Pon las frases con las preguntas.

1 ¿Para qué llevan ropa de lana?
2 ¿Para qué llevan un botiquín?
3 ¿Para qué llevan un bastón?
4 ¿Para qué llevan una mochila?
5 ¿Para qué llevan botas fuertes?
6 ¿Para qué llevan cerillas?
7 ¿Para qué llevan un mapa?
8 ¿Para qué llevan una cacerola?

a Para llevar las cosas cómodamente.
b Para hacer fuego para cocinar.
c Para caminar.
d Para saber adónde van.
e Para protegerse del frío.
f Para cocinar.
g Para curar las heridas.
h Para caminar por las montañas.

ACTIVIDAD 17

Mira los objetos de Actividad 15.
Tienes que dejar cuatro cosas.
¿Qué cosas son?
¿Por qué las dejas?

Compara con tu compañero.
Antes de salir, debéis poneros de acuerdo en dejar (sólo)
cuatro cosas.

E En casa o en clase

Lee la carta de Pepito a su amiga.
Elige el verbo adecuado de la lista.
Rellena los espacios con la forma correcta del verbo.

El pasado mes de julio ____ de vacaciones con mis amigos y ____ un apartamento en la playa. Todas las mañanas ____ de casa temprano para coger un buen sitio cerca del mar y nos ____ con el agua helada. A eso de las dos, nos ____ a comer una paella al bar de la esquina. Después de comer, ____ nuestro café en la terraza del bar y ____ de todo el mundo. ____ de nuestros vecinos y de todos los que ____ y cuando nos ____, ____ a dormir la siesta. Una tarde, en vez de dormir, ____ a los toros y ____ una de las peores corridas de la temporada. Por las noches ____ de paseo después de cenar y ____ bastante tarde a casa. Dos o tres noches ____ a bailar a una discoteca cerca del puerto. A finales de julio ____ a casa muy morenos y con ganas de regresar el año próximo.

alquilar	salir (2)	ir (5)	volver (2)	tomar
pasar	hablar (2)	ver	bañar	cansar

Amanda Gutiérrez habla de su familia, su infancia y su adolescencia.
1 Lee el texto y apunta algo interesante de cada sección.

TENGO ascendencia española porque uno de mis abuelos era de origen español, pero yo nací en Caracas, Venezuela, como el resto de mi familia, donde vivimos ahora. Los recuerdos que tengo de mi infancia son muy bonitos. Yo soy la menor de catorce hermanos, nueve hembras y cinco varones, y mis padres estuvieron casados cincuenta años, hasta que papá murió. Con tantos niños en casa aquello parecía un colegio. A mí me tenían muy consentida, pero también, al ser la más pequeña, todos me mandaban cosas. Me divertía muchísimo, por ejemplo, cuando nos íbamos a jugar al béisbol y entre los catorce teníamos un equipo completo. También jugábamos muchas veces al teatro en la casa. A mi mamá le daba terror salir, pues cuando regresaba a casa estaban todas las sábanas y mantas colgando como cortinas, o cualquier otra cosa para representar una obra. Yo tenía la vena de actriz desde muy pequeña. Me maquillaba y me ponía delante de un espejo a cantar, a llorar y a poner

AMANDA GUTIERREZ

Amanda Gutiérrez, una de las grandes actrices de la televisión venezolana y protagonista de "Inés Duarte, secretaria" y "Paraíso", que se emiten en Tele 5 y Canal Sur, respectivamente, cuenta en exclusiva para TELE-INDISCRETA su vida.

mil caras. Además me inventaba las obras que representaba y, en la escuela, siempre que montaban actos teatrales o algo por el estilo, era la primera en apuntarme. Recuerdo que mi juguete favorito era la muñeca Mariquita Pérez, de la que tenía un mueble grande con todas las ropas y los zapatos imaginables. También me encantaba subirme a los árboles a recoger mangos y jugar con los chicos. Yo llevaba la muñeca en una mano y el revólver en la otra.»

«Cuando empecé a dejar a un lado las muñecas y las pistolas, ya adolescente, era tremenda. Me gustaba muchísimo salir con mis amigas y cuando no me daban permiso me escapaba sin importarme las consecuencias. Mi habitación estaba en la segunda planta de la casa, mientras que en la parte de abajo se encontraban el comedor y la cocina. Como la ventana de mi cuarto daba al garaje, yo saltaba por ella y me iba de fiestas.»

«A los quince o dieciséis años empecé a trabajar en los anuncios de televisión como modelo por una casualidad. Yo acompañé a una amiga que trabajaba en comerciales y me dijeron que hiciera una prueba. Así comenzó mi carrera.

2 Lee con más detalle.
a Amanda es la última de catorce hijos. Busca dos frases que dan esta información.
b ¿Cuántos chicos y cuántas chicas?
c Amanda habla de tres aspectos interesantes de tener una familia numerosa. ¿Cuáles son?
d A su madre "le daba terror salir" de casa. ¿Por qué?
e ¿Cómo empezó a interesarse en ser actriz: en casa? en la escuela?
f ¿Qué era interesante de sus juegos?
g ". . . cuando no me daban permiso (para salir) me escapaba . . ."
¿Cómo? Haz un dibujo de la casa.
h ¿Cómo empezó su carrera?

Vocabulario en contexto
Busca la traducción adecuada.

1 tengo ascendencia española
2 me tenían muy consentida
3 me mandaban cosas
4 le daba terror salir
5 representar una obra
6 poner mil caras
7 algo por el estilo
8 apuntarse
9 una casualidad

a *they made me do things*
b *something like that*
c *to make faces*
d *to sign up for something*
e *she was terrified to go out*
f *I have Spanish origins*
g *to perform a play*
h *a coincidence*
i *they spoiled me*

Vocabulario para la próxima lección

Nuestro carácter y nuestros cambios de humor *(changes of mood)*
¿Cuáles de estos adjetivos describen
   el carácter?
   los estados de ánimo (cambios de humor)?
   ambos?

deprimido/a   enfadado/a   alegre   tímido/a
insoportable   amable   simpático/a   pesimista
contento/a   nervioso/a   tranquilo/a   perezoso/a
optimista   antipático/a

Gramática

EL PRETERITO IMPERFECTO
Ahora vive en la ciudad. (presente)
Antes vivía en el campo. (imperfecto)

Forma:

Verbos: -ar   **Verbos: -er, -ir**

	-aba		-ía
	-abas		-ías
trabaj	-aba	com	-ía
	-ábamos	viv	-íamos
	-abais		-íais
	-aban		-ían

Verbos irregulares: ir, ser

ir		**ser**	
iba	íbamos	era	éramos
ibas	ibais	eras	erais
iba	iban	era	eran

Contraste con el pretérito indefinido:
Cada día nos levantábamos temprano.
(imperfecto)
Un día nos levantamos tarde. (indefinido)

PREPOSICION: **para**
Indica finalidad *(object, purpose, intention)*:
¿Para qué llevan ropa de lana?
Para protegerse del frío.

Vocabulario

Verbos

amanecer	*to get light, to dawn*
aprovechar	*to take advantage of (something)*
apuntarse	*to sign up (for something)*
anochecer	*to get dark*
caminar	*to walk, to march*
colgar	*to hang up*
desmontar	*to take down (e.g. a tent)*
encargarse	*to take charge (of something)*
especificar	*to specify*
maquillarse	*to put make-up on*
montar	*to put up (e.g. a tent); to put on (a show)*
protegerse	*to protect oneself*
recoger	*to gather together, to tidy up*
regresar	*to return (i.e. go back)*
representar	*to perform (a play/a show)*

Adjetivos

invernal	*winter*
el/la menor	*the youngest (brother/ sister)*

Adverbio

cómodamente	*comfortably*

Nombres

arroz (m)	*rice*
béisbol (m)	*baseball*
campamento	*camp*
cangrejo	*crab*
carrera	*career*
cartas (para jugar)	*playing cards*
bidón (m)	*large can, drum*
casualidad (f)	*coincidence*
cortina	*curtain*
espejo	*mirror*
herida	*wound*
horario	*timetable*
lana	*wool*
leña	*firewood*
manta	*blanket*
muñeca	*doll*
protagonista (m/f)	*protagonist, star*
prueba	*test*
recuerdo	*memory (of a place or event)*
sábana	*sheet*
tarea	*task, chore*
temporada	*season*

Expresiones útiles

al amanecer	*as soon as it gets light, at first light*
estar de viaje	*to be travelling/on a trip*
los ratos libres	*spare time, free moments*
¡Qué casualidad!	*What a coincidence!*

seis

¿ *C u á n t o   t i e m p o   h a c e* ?

> Antes y ahora: Cualidades y estados de ánimo
>   descripciones de lugar   Cambios
>   descripciones de carácter

A ¿Cómo era?

María Jesús trabajó como recepcionista en un hotel.
Escucha y contesta:

1 ¿Cuánto tiempo hace?
2 ¿Qué hacía en su trabajo?
3 ¿Por qué prefería trabajar por la mañana?
4 ¿Cómo era el hotel?
5 ¿Qué hacía María Jesús en su tiempo libre?
6 ¿Qué tipo de vida prefiere, la del hotel o la de su pueblo?

¿Cómo **es** el hotel (ahora)?
¿Cómo **era** el hotel (antes, cuando trabajabas allí)?

El hotel **era** muy bonito, de montaña.
El suelo **era** de madera.
Las habitaciones **eran** dobles.

En el hotel donde yo estaba **había** 80 habitaciones.
Había dos o tres habitaciones individuales más pequeñas.
Había pastas, arroces . . .
El hotel **estaba** en el Pirineo.

Los verbos:	ser, estar, haber
Descripción en el pasado→imperfecto:	**era, estaba, había**

Estudiante A: Describe a Estudiante B un hotel o apartamento donde has estado. (Puedes inventar uno si quieres.)

Estudiante B: Haz preguntas sobre el hotel o el apartamento de Estudiante A.

Ejemplos: ¿Dónde estaba?
¿Cómo era?

Cambia.

Ahora escribe sobre el mismo hotel o apartamento.

Pablo Neruda era un gran poeta chileno. En su libro de memorias, *Confieso que he vivido*, habla de un viaje que hizo en la selva chilena cuando era estudiante. Pasó una noche en una casa misteriosa.

—Quién es usted y qué desea? —dijo una voz suave de fantasma.

—Me he perdido en la selva. Soy estudiante. Me convidaron a la trilla de los Hernández. Vengo muy cansado. Me dijeron que usted y sus hermanas son muy bondadosas. Sólo deseo dormir en cualquier rincón y seguir al alba mi camino hacia la cosecha de los Hernández.

—Adelante —me contestó—. Está usted en su casa.

Me llevó a un salón oscuro y ella misma encendió dos o tres lámparas de parafina. Observé que eran bellas lámparas *art nouveau*, de opalina y bronces dorados. El salón olía a húmedo. Grandes cortinas rojas resguardaban las altas ventanas. Los sillones estaban cubiertos por una camisa blanca que los preservaba. De qué?

Aquél era un salón de otro siglo, indefinible e inquietante como un sueño. La nostálgica dama de cabellera blanca, vestida de luto, se movía sin que yo viera sus pies, sin que se oyeran sus pasos, tocando sus manos una cosa u otra, un álbum, un abanico, de aquí para allá, dentro del silencio.

Entró una empleada indígena y susurró algo al oído de la señora mayor. Salimos entonces, a través de corredores helados, para llegar al comedor. Me quedé atónito. En el centro de la estancia, una mesa redonda de largos manteles blancos se iluminaba con dos candelabros de plata llenos de velas encendidas. La plata y el cristal brillaban al par en aquella mesa sorprendente.

Pocas veces he comido tan bien. Mis anfitrionas eran maestras de cocina y habían heredado de sus abuelos las recetas de la dulce Francia. Cada guiso era inesperado, sabroso y oloroso. De sus bodegas trajeron vinos viejos, conservados por ellas según las leyes del vino de Francia.

1 Dibuja el salón y el comedor de la casa.
2 Busca estos adjetivos en el texto.
  ¿Qué objetos o personas describen?

altas	blancos	sabroso
bellas	inquietante	blanca
redonda	rojas	cubiertos
viejos	oscuro	encendidas

B Descripciones de personas

Escucha a María Jesús hablando de su amiga Carmen.

Le ha pasado algo a Carmen y ha cambiado mucho.
¿Cómo era su carácter antes?
¿Cómo era su relación con María Jesús y sus amigos?

Escucha otra vez.
1 ¿Cómo ha cambiado Carmen?
2 ¿Por qué?
3 ¿Cuál es la relación actual con sus amigos?

¡Atención!

(puedes) contar con ella (para algo) =
  (you can) depend on her (for
  something)

ACTIVIDAD 7

Recuerda:
ser/estar + adjetivo: **ser** = permanente
                              estar = cambio

Ejemplo:
Carlos **es** simpático pero hoy **está** triste.

Practica:
1 Carlos . . . enfermo.
2   . . . inteligente.
3   . . . deprimido.
4   . . . enfadado.
5   . . . alto.
6   . . . resfriado.
7   . . . tímido.

ACTIVIDAD 8

Carmen normalmente **es** simpática y amable
        hoy
        estos días
pero   este mes   **está** rara e insoportable
        esta semana   (porque tiene muchos problemas
        últimamente   con su novio).

La Señora Pérez **es** antipática e insoportable normalmente
        hoy
        estos días
pero   este mes   **está** contenta y amable
        esta semana   (porque su hijo ha venido a verla).
        últimamente

¡Atención!

A es elegante = *A is elegant/smart*

A está elegante = *A looks elegant/smart today*

1 La actriz es elegante y es guapa.

María va a una fiesta. Está muy elegante hoy y está guapa.

2 Ana es joven.

La cantante Rocío Jurado es mayor pero está muy joven.

Completa con **es** o **está**.

1 Juan . . . . muy tranquilo. (Nunca se enfada.)
Pero hoy . . . . muy nervioso (porque tiene exámenes).

2 Isabel . . . . muy alta. (Mide 1m 80.)
La niña . . . . muy alta (para su edad; ha crecido mucho).

3 Pedro . . . . muy perezoso. (Nunca estudia.)
Mario . . . . muy perezoso. (Hoy no ha estudiado nada.)

4 Antonio . . . . muy raro. (Nadie le comprende.)
Javier . . . . muy raro estos días. (No sé qué le pasa.)

5 El coche sólo tiene un año, pero . . . . muy viejo.
El coche . . . . muy viejo. (Tiene quince años.)

Ahora completa las frases siguientes:

Juan es alegre . . .   El libro es viejo . . .
Juan está alegre . . .   El libro está viejo . . .

María es morena . . .   El cuarto es oscuro . . .
María está morena . . .   El cuarto está oscuro . . .

La verdura es buena . . .
La verdura está buena . . .

C ¿Cómo ha cambiado?

Pretérito imperfecto de **ser** y **estar**

Mira en la página 246 de la gramática.

Rellena los espacios con la forma correcta de **ser** o **estar**.

Antes Pedro . . . . camarero en un bar de Madrid.
. . . . muy simpático y nunca . . . . triste y,
aunque trabajaba mucho, ... contento con su
situación. Su novia, Carmen, ... seria pero
también . . . . amable. Los dos . . . . muy
enamorados. Pedro . . . . inteligente y estudiaba en
su tiempo libre. Para ganar más dinero fue a trabajar a
Alemania. Ahora vive allí y no puede viajar a España a ver
a su novia. . . . . cansado y deprimido siempre. Se
acuerda mucho de su familia y de Carmen. Vive en una
habitación pequeña que no le gusta porque . . . .
muy oscura. Sólo piensa en volver a España.

Describe a este hombre **antes** y **ahora**.
¿Cómo ha cambiado su aspecto
su ropa
su carácter
su trabajo
su vida?

¿Cómo era antes?
¿Cómo es ahora?

Ejemplo:
Antes **estaba** contento pero ahora **está** triste.

Usa las siguientes palabras:

triste	elegante	enfermo
alegre	tranquilo	melancólico
deprimido	nervioso	limpio
pesimista	antipático	sucio
optimista	simpático	etc.

¿Qué le pasó a este hombre?
Decide con tu compañero.

Escribe un párrafo sobre una persona que conoces desde hace tiempo.
Describe cómo era y qué hacía antes y cómo es y qué hace ahora.

Juego: 20 preguntas
En grupo:
Un estudiante piensa un personaje famoso del pasado.
Tiene que ser un famoso que haya muerto. Los demás estudiantes le hacen un máximo de 20 preguntas para adivinar quién es. Contesta SI o NO.

D Descripciones de lugares

hay y **había**

Ahora **hay** muchos coches en el mundo.
Antes **había** pocos coches en el mundo.

Antes **había** campos al lado de mi casa.
Ahora **hay** una fábrica.

La Señora Rosa Yuste habla del lugar donde vive: Zaragoza.
Estudia las fotos de la ciudad.

¿Cómo era antes?
¿Cómo es ahora?

Escribe cómo era tu ciudad/pueblo/barrio,
cómo ha cambiado en los últimos años y por qué.

ACTIVIDAD **18**

Recuerda:
era
estaba
había
tenía

ACTIVIDAD **19**

Estudiante A: ésta página
Estudiante B: página 219

Estudiante A:
El dibujo es de una calle de tu pueblo cuando eras joven.
Describe lo que recuerdas de la calle. Utiliza frases como
"¿Te acuerdas del bar de la esquina . . . ?"
Estudiante B tiene un recuerdo un poco diferente.

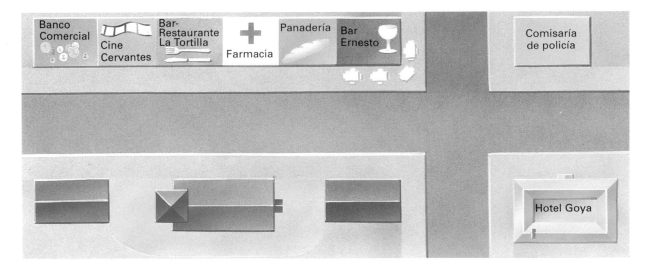

ACTIVIDAD 20

Lee el texto.

Zaragoza – la ciudad de los cafés

Zaragoza fue siempre una ciudad muy callejera y cafetera. Hubo una época en que la llamaban la ciudad de los cafés porque tenía muchísimos establecimientos de este tipo.

El primer café se conoció en Zaragoza el año 1850. El café era un centro de reunión y de descanso. Se sentaban los clientes en confortables divanes de terciopelo rojo frente a mesas de mármol y rodeados de grandes espejos charlaban y meditaban. El café sustituía al club, a la oficina, al hogar. En él se concertaban negocios, se escribían cartas y hasta novelas, se leían periódicos, se jugaba al billar, al dominó, a las cartas . . .

También había conciertos en los cafés de cierta categoría. Los más famosos fueron: el Café "Suizo", donde ahora se encuentra la sucursal del Banco Hispano Americano. En su amplio recinto existía un departamento de billares. Muy cerca, en el mismo paseo, estuvo el Café "Aragonés", donde ahora está el Cine Alhambra. Más tarde, en 1871, y en la calle Alfonso I, se fundó el Café del "Comercio", donde hoy hay una joyería.

Un café de grandes dimensiones y con jardín fue el de "París", de público popular, abierto en los bajos del palacio de los Condes de Sástago. Se clausuró en 1873 para dar paso a un banco. Junto al hotel Universo duró muchos años el Café "Universo" hasta que en 1944 se convirtió en un bar y luego en el actual comercio de tejidos.

Uno de los cafés más populares era el Café de "Iberia", muy espacioso, que tenía en la parte posterior amplios jardines donde se daban en verano selectos conciertos. También tenía un picadero para el deporte de equitación. En este lugar se construyó en 1938 un teatro.

En 1863 se inauguró el Café "Europa", donde también hoy hay un banco. Allí se reunían escritores, periodistas y cómicos. Este fue el primer café que introdujo el 23 de julio de 1869 la novedad de sacar veladores a la calle, novedad bien pronto imitada por muchos otros, lo que daba extraordinaria animación a las calles céntricas de la ciudad.

El día 4 de octubre de 1881 se abrió el Café "Ambos Mundos", llamado así por su amplitud, y duró hasta el 2 de septiembre de 1955. No se conocía otro café mayor ni en Zaragoza, ni en España . . . ¡Ni en Europa! Después se convirtió en una lujosa sala de fiestas, pero perdió su popularidad.

¿A qué fue debida tanta desaparición? En este siglo de las prisas se introdujo el bar. El bar es la prisa, el café la lentitud. Con la "barra" del bar se introdujo el "café exprés", hasta el nombre denota rapidez. También las modernas cafeterías con su aparición causaron la muerte de los cafés.

¿Qué ocurrió en estas fechas?

| 1850 | 1863 | 1869 | 1871 | 1873 | 1881 |
| 1938 | 1944 | 1955 | | | |

Estos son nombres de cafés que ya no existen.
¿Qué establecimientos hay en su lugar actualmente?

Café	Actualmente
Suizo	un banco
Aragonés	
Comercio	
París	
Universo	
Iberia	
Europa	
Ambos Mundos	

Menciona alguna característica de cada café si la hay.

¿Cómo ha cambiado la vida en general durante los últimos cien años?
Haz una lista y compara tu lista con la de un compañero.
Haz frases así:
No había televisores en color.
No había tantos coches.
La gente no viajaba tanto.
etc.

ACTIVIDAD 21

Escucha a este señor mayor,
Francisco, comparando la vida
de hoy con la de su juventud.
Añade lo que dice a tu lista.

ACTIVIDAD **22**

ACTIVIDAD **23**

Trabaja con tus compañeros.
Escribe dos listas:
Ventajas y desventajas de la época de las fotos.
Compara.
Discute.
¿Te gustaría vivir entonces?
¿Prefieres vivir ahora?

E En casa o en clase

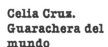

ACTIVIDAD
24

Mujeres famosas: Celia Cruz

Celia Cruz. Guarachera del mundo

Página 16

Lleva 40 años paseando su alegría y la música latina por todo el mundo al grito irresistible de "¡azúcar!". Le han llamado la *Reina de la salsa* y la *Gracia divina*, aunque a ella le gustaría ser recordada como la Guarachera de Cuba.

Su edad posiblemente sea uno de los secretos mejor guardados. Con una de sus desmesuradas sonrisas repite a los periodistas que pueden preguntarle lo que quieran excepto cuántos años tiene. En cambio, no siente el menor inconveniente en revelar que nació un 21 de octubre y que cree en la fuerza del destino: "Aunque usted se tiene que ayudar, porque Dios dijo: 'Ayúdate, que yo te ayudaré'. Cuentan que cuando tenía 9 o 10 meses de edad, la pequeña Celia se despertaba por las noches. "Mi mamá me contó que mi abuela le decía: 'Catalina, esta muchachita va a trabajar de noche'. Y no se equivocó la viejita, pobrecita. Y otra cosa que mi mamá contaba es que una señora le dijo: 'Tú cuida a esa muchachita porque va a viajar mucho'. Y yo le decía a mi mamá: 'Ay, esa señora está equivocada, si yo ni pasaporte tengo'. Y me falta muy poco para haber dado la vuelta al mundo. Poquito me fal-

ta. Así que tampoco se equivocó la señora".

Celia Cruz nació en el barrio de Santos Suárez, en La Habana, y es hija del maquinista de ferrocarril Simón Cruz y de Catalina Alfonso.

—¿Es cierto que le encomendaban la tarea de dormir a sus hermanos cantándoles alguna canción?

—Sí, es verdad. Ahora los niños se duermen al pie de la televisión, pero en aquel tiempo yo era la que dormía a mis hermanitos y a mis primos. Bueno, en realidad no los dormía, porque la cosa era que cuando yo les estaba cantando no me daba cuenta que lo hacía con toda la voz que tenía entonces. Y ellos se iban corriendo de mis piernas y los vecinos venían a la puerta de mi casa a escucharme. Mi primo Serafín, que en paz descanse, fue el que pensó: "Si en vez de dormir a los muchachos está atrayendo al público, vamos a llevarla a cantar".

—Y así lo hicieron, ¿no? Aunque

en la familia Cruz no había antecedentes artísticos, estuvo estudiando teoría y solfeo en el conservatorio de música, que era gratuito.

—Después me puse un maestro para estudiar piano, que es precisamente el autor de la canción que acabo de grabar con Lola Flores, el autor de *Burundanga*. Lo dejé porque mi afición eran las uñas, y para tocar el piano no se podía. Él me decía siempre: "Córtate las uñas más...". Hoy me pesa porque las uñas no son lo más importante en mi vida. En aquel tiempo sí, porque estaba bien jovencita y usted quiere lucir. Igual que la vista, que me pusieron las gafas, y yo en cuanto salía de casa las guardaba. ¿Y qué pasó? Que ya nunca me las pude quitar. O sea, que uno comete errores. Primero, por ignorancia, y después, siendo mujer, por coquetería.

—¿Cómo era entonces, en los años cincuenta, la vida nocturna en La Habana?

—Muy animada. La recuerdo con mucha alegría. Todos los restaurantes abiertos, los músicos saliendo de madrugada de sus *nightclubs,* que había bastantes. Los más de moda eran Tropicana y Montmartre. Y había otros de menos categoría. Eso sí, si canto en uno de ésos, ya sí que mi papá me mata. Pensaba que cualquier mujer que se metiera a artista se iba a convertir en una mujer de la calle. Pero mi madre sí que me apoyó. Y bajo la tutela de ella, yo me iba. Me decía: "No le hagas caso a Simón". Las madres muy pocas veces se equivocan con los hijos. Ella sabía que yo lo iba a hacer bien, y no la defraudé.

¡A t e n c i ó n !

hacer caso = *to take notice*

(No le hagas caso = *Don't take any notice of him/her*)

en vez de = *instead of*

¿M á s g r a m á t i c a ?

Busca los verbos en imperfecto en el texto.

Lee las frases del texto.
¿Quién dijo cada una?
¿A quién se la dijo?
¿Cuáles eran las circunstancias de cada frase?

1 "Ay, esa señora está equivocada. Si yo ni pasaporte tengo."
2 "Córtate las uñas más."
3 "Catalina, esta muchachita va a trabajar de noche."
4 "Si en vez de dormir a los muchachos está atrayendo al público . . ."
5 "Tú cuida a esa muchachita porque va a viajar mucho."
6 "No le hagas caso a Simón."

ACTIVIDAD 25

Un poema de Juan Ramón Jiménez, uno de los grandes poetas españoles

XXV

> Flor nueva sobre las flores.
>
> CARVAJALES.

Iba vestida de gris
bajo un sombrero de rosas;
cuando el sol la acariciaba
se le reía la boca.

Tenía nombre de mayo,
tenía carne de aurora,
ojos de España, secretos
y mirares de mimosa.

Llenaba todo el jardín
con griterías de loca;
reía más que las fuentes,
olía más que las rosas.

Blanca dijo: Qué mujer! . . .
María: Qué loca! Todas
le miraban a los ojos
con ojos de desdeñosas.

Pasó don Luis, y quiso
requebrarla . . . ; pero Rosa
se rió de los requiebros
del galán a la española.

Cuando me dijo que sí
—aquel sí de mariposa—
le vi la lengua de víbora
en la rosa de su boca.

¡A t e n c i ó n !

requebrar = *to make a compliment*

requiebro = *compliment*

galán (m) = *lover, gallant*

Vocabulario para la próxima lección

El mundo del trabajo

un(a) albañil	*a bricklayer*
un andamio	*scaffolding*
los cacharros	*pots and pans*
las cañerías	*pipes (plumbing)*
una carretilla	*a wheelbarrow*
las herramientas	*tools, implements*
INEM: Instituto de Empleo	*Institute of Employment*
un plan de formación laboral	*a work training scheme*
el paro	*unemployment*

Gramática

EL PRETERITO IMPERFECTO: Descripción en el pasado

hay → **había**

Ejemplo: En el hotel había una piscina.

	ser	**estar**
(yo)	era	estaba
(tú)	eras	estabas
(él/ella/Vd)	era	estaba
(nosotros/nosotras)	éramos	estábamos
(vosotros/vosotras)	erais	estabais
(ellos/ellas/Vds)	eran	estaban

Ejemplos: ¿Cómo era el hotel? Era muy bonito.
¿Dónde estaba? Estaba en el Pirineo.

DIFERENCIA ENTRE **estar** Y **ser**
estar = *to look, to feel* (en este momento)
ser = *to be* (permanente)

Ejemplo: Carlos **es** simpático pero hoy **está** triste.

VERBO: **volverse**
Se ha vuelto muy antipático. *(He has become very unfriendly.)*

Vocabulario

Verbos

acariciar	*to caress, to stroke*
apoyar	*to support, to help*
atraer	*to attract*
charlar	*to chat*
darse cuenta	*to realise*
encender	*to light (fire/lamp)*
equivocarse	*to make a mistake, to be wrong*
estar equivocado/a	*to make a mistake, to be wrong*
guardar	*to put away, to keep*
hacer(le) caso	*to take notice (of him/her)*
volverse	*to become* (ver gramática)

Adjetivos

animado/a	*lively, animated*
atónito/a	*astonished*
cubierto/a	*covered*
cuidado/a	*tidy, neat*
descuidado/a	*untidy*
encendido/a	*lit*
helado/a	*freezing*
indígena (m/f)	*native*
inquietante	*worrying, disturbing*
insoportable	*unbearable*
perezoso/a	*lazy*
redondo/a	*round*
sabroso/a	*tasty*
suave	*soft, smooth*

Nombres

alba	*dawn*
aspecto	*appearance*
barrio	*neighbourhood*
bodega	*(wine) cellar*
camino	*way*
cristal (m)	*glass*
época	*period, time*
ferrocarril (m)	*railway*
guiso	*dish (cooked food)*
humor (m)	*mood, disposition*
luto	*mourning*
madera	*wood*
mármol (m)	*marble*
piedra	*stone*
Pirineo	*the Pyrenees*
plata	*silver*
recinto	*area, space*
rincón (m)	*corner (inside)*
tejido	*fabric*
terciopelo	*velvet*
uña	*fingernail/toenail*
vela	*candle*
velador (m)	*pavement café table*

Expresiones útiles

debido a . . .	*owing to . . .*
en cuanto (venga)	*as soon as (he comes)*
¿Estás de mal humor?	*Are you in a bad mood?*
No le hagas caso	*Don't take any notice of him/her*
No me di cuenta	*I didn't realise*
poco a poco	*little by little*
Puedes contar con él	*You can count on him*

siete

Repaso

A Experiencia

Vas a escuchar a Gloria.
Mira las fotos.
¿De qué habla Gloria?

Belchite

Escucha el cassette y comprueba
tu lista con lo que dice.

Estudiante A: esta página
Estudiante B: página 220

Estudiante A:

1 Esta foto es de una persona famosa.
¿Qué quieres saber de ella?
Pregunta a Estudiante B.
Apunta los detalles.

2 Estudiante B tiene la foto de otra persona.
Tienes información sobre esa persona famosa.
Estudiante B te pregunta.

Es director y jefe de cocina de uno de los restaurantes con más solera de Madrid, El Amparo. Ramón Ramírez, 33 años y Aries, ha hecho de su *hobby* —la cocina— una profesión. «Es lo que más me gusta hacer en la vida.» Claro que no es toda su vida, ya que su tiempo libre lo invierte practicando motociclismo, navegación a vela, *paddle-tenis* y cocinando para sus amigos «platos variados y más fáciles, ya que no cuento con el apoyo del equipo del restaurante». Entre tanta actividad, no deja pasar por alto el cuidado de su imagen. Una imagen seria y algo clásica cuando ha de vestirse para asistir a actos laborales y extravagante y algo estrafalaria en su vida cotidiana. Americana de Adolfo Domínguez, 35.000 ptas.; pantalón de cuero, 42.355 ptas.; pañuelo Hermès, 5.850 ptas.

Comparad vuestros apuntes con los textos.

Trae fotos de familia o amigos.
Tu compañero/a te hace preguntas sobre ellas.
Haz preguntas similares a tu compañero, pero ahora sobre él/ella, su familia y sus amigos.

Hispanos en América

En el área metropolitana de Nueva York, la mitad de los anuncios están ahora en español o son bilingües. Un 33 por ciento de la población, según el ex-alcalde Ed Koch, es hispano. En Chicago, un millón de residentes son de origen latinoamericano. En Los Angeles, el 57 por ciento de los residentes urbanos habla español. En todo el suroeste —Texas, Colorado, Arizona y Nuevo México— los hispanos son la mayoría dominante. En Miami hay más millonarios de origen cubano que anglosajón y para ser elegido alcalde es preciso ser bilingüe. Sin hablar español es difícil conseguir un puesto de trabajo.

Hoy residen en los Estados Unidos entre 22 y 25 millones de hispanos. Aproximadamente un tercio de ellos vive en California y un tercio de estos son de origen mexicano y residen en el área de Los Angeles. Tras la población negra, son la principal minoría. También constituyen el grupo étnico más joven de la nación, con una media de edad de 25 años, frente a los 32 de los no hispanos. Por diversas razones, nadie conoce su verdadero tamaño. En parte ello se debe a la dificultad de determinar el número de ilegales que se han colado en el país a través de los 3.218 km. de frontera con México.

El noventa por ciento de los hispanos residen en once Estados. Nueva York ha sido, tradicionalmente, el polo de atracción de los puertorriqueños. Los mexicanos viven sobre todo en el suroeste, y en el sur de Florida se asientan los cubanos que salieron de la isla tras la llegada al poder de Castro. El número de hispanos procedentes de América del Centro y del Sur ha aumentado en un cuarenta por ciento entre 1981 y 1987. Hay más de 100.000 salvadoreños en Los Angeles y unos 200.000 nicaragüenses viven en Nueva York. Los dominicanos dominan un barrio de la Gran Manzana, Washington Heights, mientras que los ecuatorianos y los colombianos se han instalado sobre todo en Jackson Heights. Washington D.C. ha sido testigo de la llegada de unos 300.000 chilenos, peruanos, colombianos, guatemaltecos, salvadoreños y nicaragüenses.

Los cubanos son más de un millón en total, tres cuartas partes de los cuales residen en Miami a la que han transformado en una pujante metrópoli. En el año 2000 se espera que sea una de las cuatro o cinco ciudades más importantes de los Estados Unidos.

1 Haz una lista de las nacionalidades mencionadas
y otra lista de los países que les corresponden.
Búscalos en el mapa.

México
Cuba
República Dominicana
Guatemala Honduras
Puerto Rico
Nicaragua
Costa Rica
Venezuela Guayana
Panamá Surinam
Colombia Guayana Francesa
Ecuador
Perú
Brasil
Bolivia
Paraguay
Argentina
Uruguay
Chile

2 ¿Qué otra información hay en el artículo
que te interesa?
¿Por qué te interesa?
Explica a un compañero.

ACTIVIDAD 5

Un, Dos, Tres

Vas a escuchar un trozo de un concurso de
televisión.
Los concursantes tienen que hacer tres listas
de palabras referentes a:
1 nacionalidades 2 trabajos 3 muebles

Antes de escuchar ¿cuántas palabras puedes
escribir tú?
Tienes un minuto para cada lista.
(Trabajad en tres grupos, uno para cada lista,
si lo preferís.)

Ahora escucha a los concursantes.
Comprueba tu lista con las palabras que
dicen.

ACTIVIDAD 6

En esta sección del periódico se ofrece y se busca trabajo.

BOLSA DE TRABAJO

• A personas dedicadas a la venta directa que quieran obtener un beneficio del 200–300% vendiendo bisutería con muestrario. Llamar de 17,30 a 21 horas. José. (91) 551 25 76. Madrid.

• Licenciada en derecho se ofrece para trabajar como pasante en despacho de abogados, asesoría jurídica ... María José. (91) 617 59 11. Móstoles, Madrid.

• Implantación de uñas en porcelana. Productos americanos de calidad. Colocación: 5.500 pesetas, restauración: 2.500 pesetas. Mayte. (91) 733 90 98. Madrid.

• Estudiante de 18 años cuidaría niños o los recogería del colegio con absoluta responsabilidad. Llamar por las tardes. Yolanda (96) 366 49 20. Valencia.

• Desearía realizar trabajos de costura, manualidades o de cualquier otro tipo en casa, también trabajaría en supermercados o tiendas. Tengo experiencia en bar propio y en tiendas. María Jesús. (923) 02 31 34. Pedraza de Alba, Salamanca.

• Soy ATS, tengo 44 años y desearía cuidar enfermos, personas mayores y niños durante el día o durante la noche. Aicha (Luisa). (91) 469 51 22. Madrid.

Busca un anuncio para cada trabajo:
a vendedores/as   **d** enfermero/a
b modisto/a   **e** experto/a en belleza
c abogado/a   **f** niñero/a

ACTIVIDAD 7

Estas mujeres hacen trabajos que tradicionalmente son hechos por hombres.

Las herramientas también son para las mujeres

En Parla (Madrid), se ha creado un plan de formación laboral para combatir el paro. Y, sorprendentemente, el 70 por 100 de los asistentes son mujeres, que quieren trabajar como albañiles o fontaneras.

¡Atención!

fontanero/a = *plumber*

«Tenemos la oportunidad y no defraudaremos»

María

Tiene veintitrés años y ha pasado del paro al torno: «Me encanta trabajar la madera, un material que ofrece muchas posibilidades plásticas.» Como muchas otras chicas, opina que las mujeres están bien capacitadas para realizar trabajos tradicionalmente considerados masculinos: «lo que ocurre es que a nosotras nunca nos habían dado la posibilidad de demostrarlo».

Isabel

«Se acabarán las diferencias de sexos»

Tiene 22 años y es electricista. «Decidí meterme en esto porque se puede ganar dinero», dice Isabel, que opina que próximamente se acabarán las diferencias laborales por sexos. «Dentro de poco será normal ver chicas electricistas; en mi pueblo, se han acostumbrado».

Inmaculada

«Cambié los libros por los ladrillos»

A Inmaculada, de 19 años, la llamaron del paro para notificarle que había plazas de albañil. Acababa de terminar tercero de BUP y, como no tenía nada mejor que hacer, cambió los libros por los ladrillos. Desde ese momento comenzó a construir su futuro en lo alto de un andamio. En un primer momento, sus amigos, incrédulos, le decían: «¡Cómo vas a ser albañil!», pero ella se mostró perseverante en el oficio y finalmente no han tenido más remedio que creerla. «La carretilla es muy dura —reconoce Inmaculada—, pero pienso que una mujer puede hacer esto tan bien como cualquier hombre.»

Chelo

«No sólo valemos para fregar»

Para Chelo, otra fontanera de Parla, de 24 años y casada, «lo que pasa es que en este país hay mucho machismo y en cuanto ven a una mujer trabajando en estas cosas se ríen; es muy cómodo dejarnos la limpieza de cacharros». A pesar de sus reivindicaciones, Chelo se ocupa a diario de las tareas domésticas. «¡Qué remedio! Mi marido trabaja hasta las nueve y llega a casa destrozado».

María Jesús

«Espero ser una profesional de las tuberías»

Aunque al principio pensó que esto sería un paso fugaz por el mundo de las cañerías, ahora su deseo es convertirse en una fontanera profesional: «Comencé en un cursillo del INEM que duró cuatro meses, y al concluirlo el Ayuntamiento de Parla contrató mis servicios temporalmente». Ahora, María Jesús, de 20 años, espera la llamada mágica de alguna empresa que le permita resolver su futuro profesional.

¿Quién piensa/dice que . . . ?

1 Las mujeres no han tenido las oportunidades de hacer los trabajos de "hombres".
2 El problema es que los hombres reaccionan mal cuando ven a una mujer trabajando en un puesto tradicionalmente masculino.
3 Además de trabajar tiene que hacer la limpieza en su casa.
4 Dejó sus estudios académicos para hacerse albañil.
5 Pronto la mayoría de la gente aceptará que las mujeres hagan los trabajos tradicionales de los hombres.
6 Está esperando trabajar para una compañía en su especialidad.

ACTIVIDAD 8

1 ¿Qué profesiones han sido tradicionalmente consideradas femeninas y masculinas?
2 ¿Qué trabajos tradicionalmente masculinos pueden hacer las mujeres?
¿Cuál es vuestra opinión?
Formad grupos para discutir el tema.

ACTIVIDAD 9

EL HUMOR DE TEO

PAPA, NORMALMENTE, PARA TERMINAR EL BACHILLERATO ¿CUANTOS AÑOS HAY QUE ESTUDIAR?

YO HE PASADO 20 AÑOS ESTUDIANDO, TEO.

SI, PERO YO HE DICHO NORMALMENTE.

B ¿Cómo eres? ¿Qué te gusta hacer?

ACTIVIDAD 10

Estudiante A: esta página
Estudiante B: página 222

Las posturas dicen más que las palabras

Los movimientos del cuerpo transmiten tanta información como el lenguaje e, incluso, nos revelan la verdad que ocultan las palabras.

Relajado   Atento   Agitado   Desconfiado, dominante   Tímido   Meditabundo   Afectuoso

Estudiante A: Mira los dibujos con los adjetivos.
Pregunta a Estudiante B:
¿Cuál es "relajado"? etc.
Estudiante B indica uno de sus dibujos.
¿Es el mismo?

Cambia.
Estudiante B te pregunta. Tú indicas.

ACTIVIDAD 11

Este artículo da los resultados de una encuesta sobre los jóvenes españoles.
¿Cuáles son sus hábitos?
Antes de leer el artículo contesta SI o NO.

1 De los 6 millones de jóvenes entre 15 y 25 años de edad, más del 90% vive con sus padres.
2 Más chicas que chicos viven con sus padres.
3 Los jóvenes hablan más con las madres que con los padres.
4 Uno de los temas de que se habla en casa es de los estudios.

5 Cuando hablan del tiempo libre la mayoría de los jóvenes están de acuerdo con sus padres.
6 El cine es el sitio más popular para los jóvenes.
7 En las discotecas la mayoría de los jóvenes tiene menos de veinte años.

Ahora lee el texto y comprueba tus respuestas.

LLEGAR TARDE A CASA

El Instituto de la Juventud acaba de publicar un informe sobre la juventud española. Es interesante reseñar aquí algunos datos significativos.

En España hay cerca de 6 millones de jóvenes entre 15 y 25 años de edad. De ellos, el 97 por 100 de los chicos y el 94.5 de las chicas, viven con sus padres; sin embargo, este porcentaje disminuye al aumentar la edad de los jóvenes.

En este mismo estudio se observa que el miembro de la familia con el que comunica más es la madre, especialmente en el caso de las chicas. En cuanto a los temas de conversación se trata el trabajo, los estudios, las diversiones y el uso del tiempo libre pero de forma muy distinta en un sexo y otro. El 30 por 100 de los varones no habla con su madre de estos asuntos.

En cuanto al uso del tiempo libre, sólo una tercera parte de los encuestados están de acuerdo con sus padres, otro 27 por 100 está siempre en desacuerdo y el 33 por 100 muchas veces; no hay diferencias entre hombres y mujeres.

El baile y las discotecas son muy populares. El fin de semana la cantidad de jóvenes en lugares donde pueden bailar es ocho veces mayor que entre semana. La mayoría tiene una edad entre 17 y 19 años.

ACTIVIDAD 12

Vocabulario

Busca un sinónimo para las siguientes palabras del artículo.

1 informe
  a libro
  b folleto
  c reportaje
  (+ otro en el artículo)

2 disminuye
  a sube
  b cambia
  c baja

3 aumenta
  a sube
  b cambia
  c baja

4 tema
  a tópico
  b afición
  c asunto

5 diversión
  a atracción
  b pasatiempo
  c tiempo libre

6 lugar
  a esquina
  b cuarto
  c sitio

Busca un sinónimo de las siguientes palabras en las líneas 2, 4, 8, 13.

la persona   temas   describir   casi

Estas frases aparecen en el texto:
    Es interesante + infinitivo (Es interesante reseñar . . .)
    Sin embargo   = *Nevertheless*
    Se observa que . . .   = *One can observe that*
    En cuanto a . . .   = *As far as . . . is concerned*

Otras expresiones útiles:
    Es curioso   = *It's curious/strange*
    En este sentido   = *In this sense*
    Estoy de acuerdo con . . .   = *I agree with . . .*
    No estoy de acuerdo con . . .   = *I don't agree with . . .*
    Creo que . . .   = *I believe that . . .*
    Pienso que . . .   = *I think that . . .*

Escribe frases sobre los hábitos de los jóvenes de tu país. Usa algunas de las expresiones de Actividad 13.

C Tu futuro

Estas tres personas hablan de su futuro.

	Mari Mar	María Jesús	Javier
el dinero			
casarse/hijos			
una vida cómoda			
el trabajo			
un viaje a otro país			

Compara con un compañero.

Escucha otra vez.
Completa el cuadro con S (Seguro), P (Probablemente) o
Q (Quizás).
¿Qué frases utilizan para expresar Seguro,
Probablemente, Quizás?
Trabaja con un compañero.

Estudia y con un compañero pon la lista en orden.
Decidid de más seguro a menos seguro.

Quizás iré
Probablemente iré
Estoy pensando en ir
Supongo que iré
Tengo (la) intención de ir
Pienso ir
Iré
Seguramente iré
Creo que iré
Posiblemente iré
A lo mejor iré

Con un compañero habla de tu futuro.
¿Qué harás seguramente,
probablemente, quizás?
Utiliza las frases de Actividad 16.

Aragón en los 90

Lee los textos sobre el futuro de la región española de Aragón y elige un título para cada uno.

TECNOLOGIA

DEMOGRAFIA Y POBLACION

URBANISMO

JOVENES

MEDICINA

COMERCIO

CREACION

1 En el año 2000, Aragón tendrá 30.000 jóvenes menos

2 Alarmante envejecimiento de la población aragonesa

3 La talla media de los jóvenes de los 90 será de 1,75

4 Pintores y escritores, sin expectativas en la región

5 Sólo sobrevivirán las empresas que exporten

6 Las tiendas especializadas, el éxito de la década

7 Se avecina una formidable generación de actores

8 La informática conquistará el hogar

9 La expansión de la ciudad debería tocar techo

10 En Zaragoza se abrirán tres nuevos hipermercados

11 Nuevas técnicas de diagnosis

12 Antes de 1992 habrá vacuna contra el SIDA

Escribe tus predicciones sobre el futuro de tu país o región.

ACTIVIDAD 20

María Jesús y Paco hablan de cómo han sido los últimos años para ellos y su familia.

En los últimos años . . .
1 ¿Quién ha nacido?
2 ¿Quién ha muerto?
3 Para Paco, ¿cómo ha mejorado la vida en general?

ACTIVIDAD 21

Los últimos años de los famosos
Seis personas famosas hablan de los cambios en su vida.

2

3

BUTRAGUEÑO
Futbolista del Real Madrid

4

LOLA FLORES
Folklórica

1

JUAN LUIS CEBRIAN
Director de *El País*

LIDIA FALCON
Líder del Partido Feminista

b

He pasado de la época juvenil a convertirme en hombre en lo personal y en lo profesional; he encontrado en el fútbol –esperando que dure diez años más–, mi mejor medio de vida, y en ese caso he conseguido mi objetivo. Prefiero no plantearme el futuro porque dependo de una profesión en la que no se puede aventurar nada.»

a

Los últimos diez años han sido primero una alegría, después un escepticismo, y ahora un aburrimiento. El futuro inmediato lo veo agotador. En estos años he intentado decir muchas cosas, pero me temo que no ha servido para nada.»

5

NURIA ESPERT
Actriz

c

Los últimos años han sido los de mayores cambios, tanto en la situación política como en la propia vida. Han supuesto el inicio del cambio democrático y el surgimiento del movimiento feminista entendido colectivamente. En cuanto al futuro, creo que respecto a la situación económica continuará la depresión y la falta de instituciones adecuadas para el amparo de los más desprotegidos y marginados. Por parte del movimiento feminista, el pronóstico es optimista, puesto que se están recogiendo los frutos del trabajo de diez años.»

d

Me gusta la evolución que ha dado este país porque las personas podemos comunicarnos mejor. Antes estábamos más oprimidos. Sin embargo, ahora hay mucha delincuencia y droga, y eso me pone muy triste..., como el hambre de Etiopía; hace diez años yo no veía que pasaran estas cosas. Para solucionarlo la juventud se tendría que poner de acuerdo, ¡el mayor tesoro son los veinte años! Deberían luchar por un futuro mejor, y antes que gastar dinero en armas o en las cosas de los planetas, hay que arreglar la tierra...

6

ROMEU
Dibujante y humorista

e **P**asar de los 30 a los 40, la creación de *El País*, el nacimiento de un hijo, un divorcio, la publicación de tres libros, ocho kilos más de peso y una nueva compañera. El orden de los factores no altera el producto. El futuro, para el mundo en general, lo veo preocupante. En estos años me sitúo como me sitúen los demás. Todos desempeñamos el papel que nos dan y no el que escogemos (no del todo, al menos). Yo lo he hecho lo mejor que he sabido.»

f **L**os últimos años han sido unos años llenos de esperanza, unos años en los que se ha producido en mi vida, y en todo lo que está a mi alrededor, un cambio enorme: la salida de un régimen y la entrada en otro que aporta libertad y me considera una adulta. Es una etapa de rejuvenecimiento, de esperanza y de esfuerzo. El futuro inmediato lo veo difícil, el futuro a más largo plazo lo veo esperanzador. Yo creo que el papel del teatro ha estado inmerso en el papel de la cultura, y que ésta es una especie de espoleta que proyecta toda la sociedad hacia adelante, hacia la salida del boquete. Mi papel es gris, como el de una más que está en esa rueda.»

1 Lee cada texto y busca la persona a que corresponde. Compara con un compañero.

2 ¿Quién es?
   a Ahora pesa más que antes.
   b Su vida ha cambiado mucho.
   c Está en una profesión incierta.
   d Ha luchado por los derechos de las mujeres.
   e Cree que no ha tenido mucho éxito.
   f Piensa que la situación de los jóvenes es peor ahora que hace diez años.

3 Cada persona habla del pasado, del presente y del futuro.
   ¿Qué dice cada una? Compara.

ACTIVIDAD 22

Discusión:
¿Cómo ves el pasado y el futuro?
¿Cómo han sido los últimos años para ti/tu familia/tu país?
¿Cómo serán los próximos años?

Haced una encuesta en la clase.

D Repaso de los tiempos

ACTIVIDAD 23

¿Qué pasó en esta fecha hace 5, 10, 25 años?
"Las Efemérides" de los periódicos te lo dicen.
Lee esta selección de Efemérides para el 13 de agosto y
decide en qué años ocurrieron.

Nace en Londres Alfred Hitchcock, director de cine, maestro del «suspense».

Plebiscito que decide la separación de Suecia y Noruega. Las manifestaciones revolucionarias causan numerosos muertos en Rusia.

Comienza la ofensiva aérea alemana contra Gran Bretaña.

Se entrevistan en Ischl el emperador de Austria, Francisco José, y el rey de Inglaterra, Eduardo VII.

Obito de la enfermera británica Florence Nightingale, conocida como «el ángel de los tullidos» por su labor humanitaria especialmente en la guerra de Crimea.

Fallece en Londres el escritor británico Herbert George Wells.

El pintor Dalí contrae matrimonio con Gala.

El presidente de E.E. U.U., Ronald Reagan, asume la responsabilidad del escándalo «Irangate».

a 1958	**b** 1987	**c** 1940	**d** 1899
e 1905	**f** 1946	**g** 1908	**h** 1910

ACTIVIDAD 24

Este programa de radio da la misma información e incluye las fechas.
Escucha y comprueba.

ACTIVIDAD 25

Frida Kahlo era una pintora Mexicana. Lee la cronología de su vida y escríbela en frases completas en el pasado.

CRONOLOGIA

1907. Nace, el 6 de julio, en Coyoacán, México. *1916.* Sufre una caída y le diagnostican poliomielitis. *1922.* Entra en la Escuela Preparatoria Nacional. *1925.* Sufre un terrible accidente que cambia su vida. *1926.* Empieza a pintar durante la convalecencia. *1929.* Se casa con Rivera. *1932.* Primero de sus tres abortos. *1937-38.* Relación amorosa con Trotski. Empieza a ser reconocida como pintora. *1939.* Visita París, donde expone. Se divorcia de Diego. *1940.* Presenta *Las 2 Fridas* en la Exposición Internacional del Surrealismo. *1943-53.* Progresivo deterioro físico. *1954.* Muere el 13 de julio.

Escucha y comprueba lo que se dice con tu texto.

Completa cada frase con la forma correcta del verbo.

1 Ayer (ir) al cine y (ver) una buena película.
2 Antes (viajar) mucho pero sólo (ir) una vez a Inglaterra.
3 En 1971 (comprar) una casa en el campo y (vivir) allí hasta 1980.
4 (Comer) en este restaurante a menudo el año pasado.
5 Siempre (comprar) la verdura en la misma tienda, pero el mes pasado (cerrar).
6 Todos los veranos (ir) a casa de mi abuela pero (morirse) hace un año y el verano pasado (ir) a la playa.
7 Una vez (estar) en Africa.
8 El mes pasado (tener) un accidente con una moto.
9 (Ver) a Juan muy a menudo pero solamente (ver) a su mujer un par de veces.
10 ¿(Conocer) a Juan en la fiesta o le (conocer) antes?

Elige el verbo apropiado y escríbelo en la forma correcta del pretérito imperfecto.

Mi familia y yo vivimos ahora en la ciudad, pero antes . . . . en un pueblo pequeño. Mi padre . . . . en el campo y mi madre . . . . todos los trabajos de casa. Mis hermanos . . . . a la escuela pero yo, como . . . . solamente tres años, no . . . . todavía. Mis hermanos y yo . . . . mucho en el campo y . . . . muchos amigos. También . . . . en el río. Pero desafortunadamente mis padres tuvieron que venir a trabajar a la ciudad y ahora vivimos aquí.

E En casa o en clase

Lee estas noticias curiosas de una revista y añade los números correctos a cada una de la lista.

AL DATO

■ de pesetas ganó la industria editorial española durante 1989.

■ de dólares alcanza la fortuna del hombre más rico del mundo, el japonés Yoshiaki Tsutsumi.

■ **quejas** contra agencias de viajes se han registrado en la Oficina Municipal de Información al Consumidor de Madrid en los seis primeros meses de este año.

■ **licenciados** figuran en las listas del paro de todo el país, mayoritariamente médicos, abogados y psicólogos.

■ **pesetas** costará un periódico italiano a partir de agosto, el precio más caro de Europa.

■ de pasajeros utilizaron los aeropuertos españoles durante el primer semestre del año.

■ ciudadanos españoles padecen depresiones, obsesiones y fobias.

■ **cuadros** de *El Greco* se expondrán en Creta con motivo del 450 aniversario de su nacimiento.

■ de años de antigüedad tiene un hongo recientemente descubierto por científicos estadounidenses.

a 30
b 15 de cada 100
c 60.000
d 33,5 millones
e 16.000 millones
f 14.000 millones
g 110
h 40 millones
i 14

Esta persona da las mismas noticias completas. Comprueba tus repuestas.

Vocabulario para la próxima lección

Derechos del consumidor

un contrato	*a contract*
una factura	*an invoice*
una garantía	*a guarantee*
un presupuesto	*an estimate*
una reclamación	*a complaint*
un resguardo	*a receipt, cover note*

Vocabulario

Verbos

acostumbrarse	*to get used to (something)*
alcanzar	*to reach, to attain*
conseguir	*to get, to obtain; to manage*
instalarse	*to settle, to get established; to move into a house*
padecer	*to suffer from (an illness)*
realizar	*to do, to carry out, to achieve*
recoger (a una persona)	*to collect, to pick up (someone)*
reseñar	*to describe, to report*

Adjetivos

agotador(a)	*exhausting*
destrozado/a	*destroyed, ruined; exhausted (person)*
medio/a	*average*
la talla media	*the average height*
oprimido/a	*oppressed*

Nombres

abogado	*lawyer*
aburrimiento	*boredom*
alrededores (m pl)	*surroundings*
bisutería	*costume jewellery*
costura	*dressmaking*
datos	*facts, information*
década	*decade*
diversión (f)	*pastime, entertainment*
envejecimiento	*aging*
esperanza	*hope*
hongo	*fungus*
informática	*information technology, computers*
marginado/a	*"outcast", person at the "margins" of society (i.e. the homeless, drug addicts, prostitutes, etc.)*
minoría	*minority*
SIDA (m)	*AIDS*
talla	*size, height*
tema (m)	*subject, theme*
testigo (m/f)	*witness*

Expresiones útiles

a lo mejor	*maybe*
en cuanto	*as soon as*
llevo (5 años) haciendo esto	*I've been doing this for (five years)*
¡Qué remedio!	*What else can I do?*
tocar techo	*to reach the limit*

ocho

¿Qué les regalo?

> Descripciones de objetos
> Cómo decidir, pedir, quejarse, reclamar,
> cambiar en tiendas, restaurantes y hoteles

A Recuerdos de España

ACTIVIDAD **I**

Estos objetos son regalos para la familia de John.
¿Cómo se llaman?

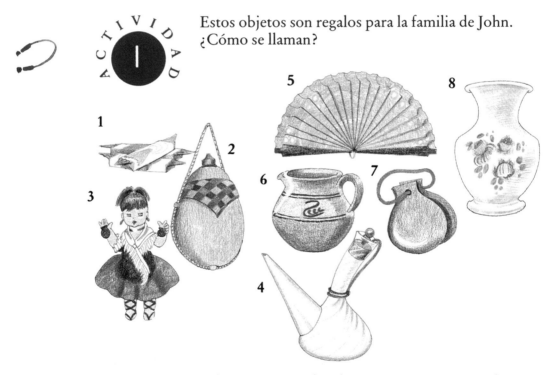

a bota   b adoquines   c castañuelas
d porrón   e abanico   f muñeca
g jarra   h jarrón

Escucha las descripciones y escribe el nombre de cada
objeto.
¿Para quiénes son?

su padre   su madre   su sobrina

Uno de los objetos no se menciona.
¿Cuál es? ¿Puedes describirlo?

ACTIVIDAD 2

Pronombres relativos

Ejemplo: "unos dulces **que** se llaman adoquines"

Escucha las descripciones otra vez.
¿Cómo se utilizan los pronombres relativos?
Mira la página 239 de la gramática.

ACTIVIDAD 3

Estudiante A: Estudia los seis objetos.
Descríbelos.
(Los tres primeros están descritos.)

Estudiante B: página 222

a una prenda de vestir que sirve para cubrir la cabeza

b un instrumento de hierro con mango que sirve para cortar

c un instrumento musical de madera que se toca con las dos manos

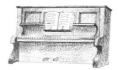

d

f

e

Ahora cambia.
Estudiante B describirá unos objetos.
¿Qué son?
¿Cómo se llaman?

ACTIVIDAD 4

Piensa en unos objetos típicos de tu país o región y descríbelos.

ACTIVIDAD 5

A: ¡Qué bonito es este jarrón!
¿Es de México?
B: No, este jarrón es el que compré en Perú.
A: ¿Y esta pulsera?
B: Esta pulsera es la que me regaló mi tía de Guatemala.

ACTIVIDAD 6

Forma diálogos similares con la siguiente información.
bolsa: comprar/Argentina
bufanda: regalar/madre
zapatos: comprar/Barcelona
llavero: encontrar/Brasil
corbata: comprar/Madrid

ACTIVIDAD 7

DE COMPRAS

En España puede adquirir artículos de gran calidad y excelente precio, tanto en grandes capitales como en pequeñas ciudades. En Madrid no deje de visitar el Rastro en las mañanas del domingo. Es un mercado de acusada personalidad situado junto a la castiza plaza de Cascorro, mitad al aire libre, mitad en galerías de profundo sabor popular. En el Rastro se puede encontrar de todo, especialmente antigüedades.

Las confecciones textiles gozan de gran prestigio, existiendo, principalmente en Cataluña, importantes fábricas. Otro tanto puede decirse de los artículos de piel, entre los que destacan los mundialmente conocidos abrigos y chaquetas de ante y napa. Los trabajos artísticos de cuero, especialmente el repujado de Andalucía, son de gran calidad.

En España se construye gran variedad de modelos de muebles en madera. Destacan por su importancia Valencia, capital en la que anualmente se celebra una Feria Internacional del Mueble, y Menorca, en Baleares. Alicante destaca en la fabricación de juguetes. Las muñecas, de exquisita factura, los juguetes mecánicos y los educativos se exportan a todos los países del mundo.

La industria del calzado sobresale por su calidad y gran lujo. Alicante y Baleares son las provincias de mayor producción. Las alfombras son de excelente calidad y gran variedad en casi todas las provincias españolas, ofreciendo peculiaridades más interesantes las de Cáceres, Granada y Murcia.

En joyería y bisutería se consiguen auténticas creaciones. En Barcelona, Madrid, Oviedo, Salamanca y Toledo, entre otras provincias, se montan las más

delicadas joyas, con modelos que han merecido importantes premios en numerosos certámenes internacionales. Tampoco deben olvidarse las perlas de Manacor, de gran prestigio.

En artículos deportivos, España le ofrece toda una gama de ellos. Las embarcaciones se construyen en Barcelona, Canarias y Tarragona. La Coruña, Lérida, Santander, Vizcaya y Guipúzcoa fabrican todo tipo de artículos deportivos.

Las bebidas representan un capítulo importante. Son mundialmente conocidos los vinos de Jerez, en sus diversas especialidades. En Moriles y en Montilla, en la provincia de Córdoba, se producen vinos de excelente calidad. Para la mesa son indicados los de Rioja, Cariñena, Cebreros, Priorato y Valdepeñas. Los vinos espumosos de Cataluña, los de Ribeiro, en Galicia, y el chacolí, del País Vasco, son asimismo de alta calidad.

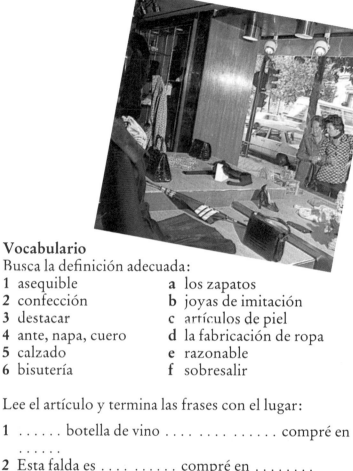

¡Atención!

tanto en grandes capitales como en
pequeñas ciudades = *whether in big
capitals or in small towns*

Vocabulario

Busca la definición adecuada:

1	asequible	a	los zapatos
2	confección	b	joyas de imitación
3	destacar	c	artículos de piel
4	ante, napa, cuero	d	la fabricación de ropa
5	calzado	e	razonable
6	bisutería	f	sobresalir

Lee el artículo y termina las frases con el lugar:

1 ...... botella de vino ... ... compré en
......
2 Esta falda es ... . compré en ....
3 Este bolso de cuero es ... ... en ......
4 .... muñeca es ... . compré en ......
5 Aquel espejo antiguo es el que compré en ......
6 ...... collar y ...... pulsera de perlas son ......
.... en ....
7 .... sandalias ... . compré en ......
8 .... mesa es ... . en ....

B De compras

Vocabulario
Las secciones de un gran almacén
¿Cómo se llaman estas secciones en inglés?

P-3

Servicios:
Aparcamiento.

P-2

Servicios:
Aparcamiento.

P-1

Servicios:
Aparcamiento. Carta de Compra. Objetos perdidos. Taller de montaje de accesorios para el Automóvil.

3.ª PLANTA

Departamentos:
Niños-Niñas (4-14 años). Confección. Boutiques. Complementos. **Bebés.** Confección. Carrocería. Canastillas. Regalos Bebé. Zapatería Bebé. **Tejidos.** Mercería. Sedas. Lanas. **Juguetería.** Modelismo. Maquetas. Radio Control.

Servicios:
Laboratorio y Estudio Fotográfico. Realización de Retratos. Fotocopias.

1.er SÓTANO

Departamentos:
Supermercado. Artículos de limpieza. **Oportunidades.**

Servicios:
Duplicado de llaves. Reparación de calzado. Grabado de objetos. Plastificado de documentos. Tintorería.

4.ª PLANTA

Departamentos:
Juventud. Confección. Tienda Vaquera. Lencería. Corsetería. Punto. Boutiques. Complementos de Moda. **Deportes.** Prendas Deportivas. Zapatería Deportiva. Armería. Complementos. Marcas internacionales. Tiempo Libre. Camping. Muebles de Terraza y Jardín.

PLANTA BAJA

Departamentos:
Complementos de Moda. Perfumería. Cosmética. Joyería. Bisutería. Bolsos. Fumador. Librería. Marroquinería. Medias. Pañuelos. Papelería. Relojería. Sombreros. Turismo. Fotografía. Microinformática. Radio aficionado. Discos. Pastelería y Golosinas. **Imagen y Sonido. TV. Vídeo. Aparatos Musicales.**

Servicios:
Intérpretes. Revelado rápido de Fotografías. Reparación de Joyas y Relojes. Prensa y Revistas. Tienda de tabaco y sellos. Servicio de Microinformática. Sala de audición de Hi-Fi. Optica 2000

5.ª PLANTA

Departamentos:
Hogar Menaje. Artesanía. Cerámica. Cristalería. Cubertería. Accesorios Automóvil. Bricolage. Loza. Orfebrería. Porcelana (Lladró, Capodimonte). Platería. Regalos. Vajillas. Saneamiento. Cocinas. Electrodomésticos. Animales y Plantas. Regalos de Decoración. Muebles de Cocina. Ferretería.

Servicios:
Listas de Boda. Post-Venta.

1.ª PLANTA

Departamentos:
Señoras. Confección. Punto. Peletería. Boutiques Internacionales. Lencería. Corsetería. Futura Mamá. Tallas Especiales. Complementos de Moda. **Departamento de Zapatería.**

Servicios:
Peluquería de Señoras. Conservación de Peletería.

6.ª PLANTA

Departamentos:
Hogar Textil. Mantelerías. Toallas. Visillos. Alfombras. Moquetas. Cortinas. Edredones. Ropa de cama, Colchones y mesa. **Muebles.** Dormitorios. Salones. Lámparas. Cuadros.

Servicios:
Restaurante. Cafetería. Buffet. Enmarque de Cuadros. Estudio de Decoración.

2.ª PLANTA

Departamentos:
Caballeros. Confección. Ante y Piel. Boutiques. Ropa interior. Sastrería a medida. Artículos de Viaje. Complementos de Moda. Camisería. Punto. Zapatería.

Servicios:
Agencia de Viajes. Peluquería de caballeros. Unidad Administrativa (Tarjeta de compra El Corte Inglés. Cheque Regalo. Venta a plazos. Devolución del I.V.A. Envíos nacionales y extranjeros). Centro de Seguros. Cambio de Moneda Extranjera.

EMPAQUETADO DE REGALO EN TODAS LAS CAJAS CENTRALES.

¿En qué sección compras las siguientes cosas?

1 un abrigo
2 ropa interior
3 un anillo
4 platos
5 una tienda de camping
6 un reloj
7 una revista
8 desodorante
9 un microondas
10 ropa para jugar al fútbol

¿En qué sección están?
Escucha los tres diálogos e indica en qué secciones están estas personas.
¿Qué compran?

Escucha otra vez.
¿Cómo deciden?
¿Cómo piden?

Pronombres demostrativos

Mira la página 239 de la gramática.

Repasa: Pronombres personales

Elige otra de las secciones de los grandes almacenes.
Con un compañero, decide qué quieres comprar y escribe un diálogo corto.
Haz el diálogo con tu compañero para otra pareja. Tienen que adivinar en qué sección estáis.

Estudiante A: esta página
Estudiante B: página 223

Estudiante A:
1 Esta es la lista de cosas que quieres comprar.
   Estudiante B es el/la dependiente/a.
   ¿Tiene lo que quieres?

Si no lo tiene, ¿tiene algo parecido?

a un jarrón de cerámica pequeño azul, precio aproximado: 5.000 pts

b un bolso de piel negro grande, precio aproximado: 3.000 pts

c un jersey rojo de lana gruesa, grande, precio aproximado: 3.500 pts

2 Estudiante B quiere comprar algunas cosas. En tus tiendas tienes estos objetos:

a zapatos en negro y gris, número 39, 40, 42, 43 con lazos: 7.500 pts

b una pluma fina, de plástico negro o metálica: 3.000 pts

c una agenda de piel roja de tamaño mediano: 4.570 pts

C Problemas

Quejas, reclamaciones y cambios
Estudia la lista de cosas que puedes comprar e indica los posibles problemas que pueden tener.

Ejemplo: 1d

1 un disco
2 un jersey
3 un libro
4 una radio
5 una chaqueta
6 una vajilla

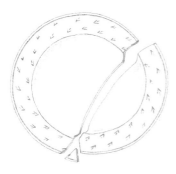

a páginas en blanco
b no funciona
c piezas rotas
d rayado
e agujero
f mal cosido

Inventa más con un compañero.

Ahora escucha estos tres diálogos y rellena el cuadro.

ACTIVIDAD 14

	1	2	3
Objeto			
Problema			
¿Cuándo lo compró?			
Solución			

ACTIVIDAD 15

Escucha otra vez.
Escribe los verbos en dos listas:
una lista de los verbos en pretérito perfecto y otra lista de
los verbos en pretérito indefinido.

Pretérito perfecto	**Pretérito indefinido**
se ha roto	lo compré ayer

ACTIVIDAD 16

Estudiante A: esta página
Estudiante B: página 223

Estudiante A:
1 Estudia los detalles de algo que quieres devolver.
   Habla con el/la dependiente/a (Estudiante B).
   Estudiante B te pide información y te explica si lo
   puede cambiar.

Información: reloj roto
              caído de la mesilla
              no antichoque
              completamente destrozado
              garantía
              buena marca
Actitud: muy enfadado
              amenazante
              queja a Consumo
              hablar con el/la gerente

Empieza:
Este/a . . . . lo/la compré . . . . y . . .

2 Ahora Estudiante B es el/la cliente.
Quiere devolver una cosa.
Lee la información del/de la dependiente/a y habla con el/la cliente.

Información: enviar a la fábrica otra vez
               no cambios
               arreglar
               no devolución de dinero
               no es posible ver al director
Actitud: no puede hacer nada
               triste
               pide perdón

ACTIVIDAD 17

Escribe una carta de queja al gerente de la tienda o la compañía.
Explica exactamente lo que ha pasado y lo que pasó en la tienda cuando pediste la devolución.

Empieza:

Muy señores míos,

Les escribo como cliente de su tienda situada en   y tengo que quejarme del trato que recibí allí al hacer una reclamación.

El día   compré

ACTIVIDAD 18

También nos podemos quejar del servicio de un restaurante o un hotel.
Escucha los cuatro diálogos y rellena el cuadro.

	1	2	3	4
Situación				
Problema				
Petición				

19

Escucha otra vez.

La luz no funciona; ¿puede arreglar**la**?
El grifo está estropeado; ¿puede arreglar**lo**?
Faltan dos tenedores; ¿puede traer**los**?
No tenemos servilletas; ¿puede traer**las**?

Verbos útiles
reparar, arreglar
cambiar
poner
llamar
traer

20

Estudiante A: esta página
Estudiante B: página 224

Estudiante A:
1 Estudia esta habitación en un hotel.

¿De qué puedes quejarte?
    toallas
    calefacción
    cama
    situación
    ruido
    etc.
¿Qué puedes pedir al/a la recepcionista (Estudiante B)?

2 Ahora Estudiante B tiene algunos problemas en tu
restaurante.
Lee la información y responde a las preguntas de
Estudiante B.

Dos de los camareros están enfermos.
El lavaplatos está estropeado.
El cocinero es nuevo.
Hay problemas de entrega por causa de una huelga
(strike).
etc.

D En casa o en clase

Descubrimientos que han cambiado nuestra vida
Busca la frase adecuada para cada imagen/producto.

A C T I V I D A D
21

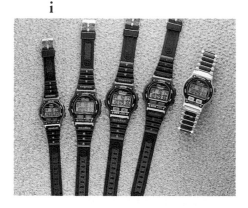

i

j

1 Cada acto cotidiano *(daily)* se convierte en un concierto de alta fidelidad.

2 Para jugar, para aprender, para ordenar, para comer, para despertar, para ganar tiempo o perderlo.

3 Muchos hogares corren el peligro de transmutarse en salas de cine de sesiones continuas.

4 No sabemos en qué dirección se mueven las manecillas.

5 La revolución de las revoluciones está a punto de terminar con la revolución.

6 El amor se ha convertido en un símbolo; un mensaje poco válido pero pacífico, que es lo que importa.

7 Económico, ligero, resistente a golpes, ha conseguido dejar de atormentar a más de una columna vertebral a la hora de cargar con la compra.

8 Hemos conseguido que todo huela igual.

9 Puede meterse en ellos desde una fuente de papel hasta una de cristal.

10 Desde cualquier esquina nos mira, silenciosa y electrónicamente.

Ahora escribe otra frase para los mismos objetos

o

inventa frases para otros objetos.

El Mercado de Bolivia

ACTIVIDAD 22

Bolivia es un mercado. Cuando todavía no ha amanecido, en las empinadas calles de La Paz, la capital, ya se registra una frenética actividad. Hombres, mujeres y niños tienen una misma misión, un trabajo común: instalar el mercado de cada día, en las aceras, haga frío o calor. Luego, apenas salga el sol, vendrán horas de comercio, de pequeños negocios, de oferta y demanda, de cotilleo y charla política. En La Paz cada día hay mercado. También lo hay en las otras ciudades del país: Potosí, Sucre, Cochabamba, Oruro . . .

La jornada ha empezado de madrugada, lejos de la gran ciudad. En cualquier pueblo del altiplano, sinónimo de casas de barro y poca luz, la familia carga sus mercancías en sacos. Ahí dentro se meten patatas, cebollas, alguna naranja o quizás telas, unas latas de conserva llegadas de contrabando del vecino Perú o los quesos de cabra que artesanalmente fabrica la abuela.

Después, la Paz. Una impresionante ciudad enclavada en un cañón a 3.700 metros de altitud. Para quienes no están habituados a la altura, el aire, pese a su límpida transparencia, parece que no llega a los pulmones.

Los campesinos buscan en las aceras un lugar estratégico donde instalar su tenderete comercial. La familia se mueve rápido: hay que descargar la mercancía, colocarla.

Cuando el sol brilla todo está listo para empezar. No hay precios marcados, ni envoltorios ni escaparates. Tampoco una excesiva higiene. Lo que sí existe es mucho color, también olor, regateo, oferta y demanda, ruido, orden y desorden.

Las ofertas varían según las calles: en unas se ofrece verduras y en otras, pescados recién llegados del lago Titicaca. En aquella cuesta es donde se venden las telas, cerca del cementerio están los bombines y en las calles que bajan hacia la iglesia de San Francisco es donde se puede adquirir la artesanía.

Se come a todas horas y los puestos de sopas, verduras, arroces y pastas sirven rápido y barato. Los hombres, mientras esto sucede, pasan las horas en el bar, bebiendo con mayor o menor contención, a la espera de que acabe la fiesta. De lunes a

domingo, en verano o invierno.

Existen mercados dedicados a los electrodomésticos, llamados artefactos. También los hay consagrados a la hechicería: en pequeños puestos atendidos por veteranas brujas, se ofrecen todo tipo de remedios contra el mal de ojo, la envidia, los amores imposibles, o la mala suerte.

En el mercado boliviano se vende hoja de coca y helados de mil colores desconocidos. Se puede comprar chocolate suizo junto a las salteñas, típicas empanadas de una carne misteriosa. También todo tipo de disfraces para toda clase de fiestas y verbenas callejeras o los poco atractivos *falsos conejos*, pequeños roedores que dicen son muy sabrosos. Los niños

te ofrecen pasta de dientes o chicle con coca y, si eres más atrevido, cartuchos de dinamita para trabajar en las minas.

Cuando cae la tarde y el frío del altiplano empieza a dominar las aceras, todo vuelve a repetirse. Los hombres aparecen, en mejor o peor estado, y ayudan a sus mujeres a recoger la mercancía expuesta sobre las aceras. Todo se carga, todos se suben al viejo y desvencijado camión y muy apretados iniciarán el regreso hacia el pueblo, al extrarradio. Mañana todo volverá a comenzar a la misma hora, con idéntica rutina y se oirán las mismas voces que no se cansan de repetir: ¿Es que no va a llevar . . . ?

1 Mira esta lista de palabras y expresiones.
   ¿Qué significan?
   ¿A qué se refiere cada una en el texto?

   a a todas horas
   b mañana
   c cuando todavía no ha
      amanecido
   d cuando el sol brilla
   e de lunes a domingo

   f apenas salga el sol
   g cada día
   h cuando cae la tarde
   i madrugada
   j en verano o invierno

2 Busca frases que describen:

   a Bolivia
   b los pueblos

   c La Paz
   d los mercados

3 ¿Qué se vende en los mercados de Bolivia?

¿Más gramática?

Busca en el texto expresiones con:

el futuro	vendrán horas de comercio
el pretérito perfecto	ha amanecido
verbos con "se"	se meten patatas

Encuentra las frases con **ya** y **todavía**
con **que**, **las que**, **lo que** etc. (pronombres
relativos)
y traduce a tu idioma.

Vocabulario para la próxima lección

Más preposiciones:
1 Gabriel García Márquez escribe novelas **sobre**
   Colombia.
2 En el último minuto del partido, Real Madrid tiró la
   pelota **contra** el poste.
3 Estaré en Argentina **desde** el lunes **hasta** el sábado.
4 Encontré el documento **entre** los libros viejos de mi
   padre.
5 **Según** mi hermana, van a visitarnos mis tíos de México.
6 ¡Qué sorpresa! Mi novio organizó una fiesta para mi
   cumpleaños **sin** decirme nada.
7 Tarragona está a unos cien kilómetros de Barcelona
   hacia el sur.
8 Luis es muy atrevido; no se asusta **ante** ningún peligro.

Gramática

PRONOMBRES RELATIVOS

que

unos dulces **que** se llaman adoquines

Es cerámica **que** es algo especial de la región.

Esto se llama porrón **que** se utiliza para beber
agua y vino.

Esto es un abanico **que** se utiliza para darse
aire cuando hace calor.

el que, la que, los que, las que

Masculino singular:

Este jarrón es **el que** compré en Perú.

Femenino singular:

Esta pulsera es **la que** me regaló mi tía de
Guatemala.

Masculino plural:

Estos zapatos son **los que** compré en Italia.

Femenino plural:

Estas joyas son **las que** me regaló mi novio.
Son de Bolivia.

Contraste:

el jarrón que compré

este jarrón es el que compré

PRONOMBRES DEMOSTRATIVOS

éste/ésta	*this one*
esto	*this*
éstos/éstas	*these*

ése/ésa	
aquél/aquélla	*that one*
eso	
aquello	*that*
ésos/ésas	
aquéllos/aquéllas	*those*

Ejemplos: Este es el bolso que compré.

Esta es la pulsera que me regaló.

Quiero comprar todo esto.

Quiero éstos.

PRONOMBRES PERSONALES: **objeto directo**

Lo quiero	
La quiero	*I'd like it*
¿Lo/La tiene en rojo?	*Do you have it in red?*
¿Cómo lo/la quiere?	*How would you like it?*
¿Puede envolverlo/ la/los/las?	*Could you wrap it/ them?*
Cómpralo/la	*Buy it*

La luz no funciona; ¿puede arreglar**la**?

El grifo está estropeado; ¿puede arreglar**lo**?

No tenemos tenedores; ¿puede traer**los**?

No tenemos servilletas; ¿puede traer**las**?

EL PRETERITO INDEFINIDO Y EL PRETERITO
PERFECTO

Contraste:

Se ha roto mi reloj.	Se rompió ayer.
Esta mañana hemos salido a las ocho.	José salió a las diez ayer.
No he terminado el trabajo.	Terminé el mío la semana pasada.

Vocabulario

Verbos

amenazar	*to threaten*
colocar	*to place, to put*
coser	*to sew*
destacar(se)	*to stand out*
devolver	*to return (goods); to refund (money)*
gozar	*to enjoy*
oler	*to smell*
reclamar	*to complain about, to demand*
tocar	*to play (musical instrument)*

Adjetivos

amenazante	*threatening*
antichoque	*shock-proof*
asequible	*reasonable, attainable*
atrevido/a	*daring*
eficaz	*effective*
empinado/a	*steep*
rayado/a	*scratched*

Adverbio

apenas	*hardly*

Nombres

acera	*pavement*
agujero	*hole*
ante (m)	*suede*
antigüedad (f)	*antique*
artesanía	*handicrafts*
bruja	*witch*
bufanda	*scarf*
calzado	*footwear*
confección (f)	*dressmaking*
cuero	*leather*
devolución (f)	*refund*
fuerza	*strength*
hierro	*iron (metal)*

jornada	*working day*
joyas	*jewels*
llavero	*keyring*
madrugada	*early morning, daybreak*
manecilla	*hand (of a watch or clock)*
mango	*handle*
marca	*make, brand*
mareo	*faintness, sickness, dizziness*
mesilla	*small (bedside) table*
perla	*pearl*
petición (f)	*request*
pluma	*(fountain) pen*
porrón (m)	*a glass wine jar with a long spout*
prenda (de vestir)	*garment, article of clothing*
pulsera	*bracelet*
queja	*complaint*
reclamación (f)	*claim, demand*
regateo	*bargaining*
sesión (f)	*performance, showing (of a film)*
vajilla	*crockery, dishes*
verbena	*street party*

Expresiones útiles

correr el peligro	*to run a risk*

(Si conduce tan de prisa **corre el peligro** de tener un accidente.)

haga frío o calor	*whether it's hot or cold*
tanto . . . como . . .	*whether . . . or . . .*

(Habla muy bien los dos idiomas, **tanto** el italiano **como** el francés.)

nueve

¿Qué te pasó?

Narración
Descripción
Noticias de la prensa y de la radio
En la Comisaría: denuncias

A Lo que pasó y lo que pasaba

Estudia los dibujos.

¿Qué pasó?
Cuenta la historia.
Trabaja con un compañero.
Utiliza estos verbos:

encontrar	tener	denunciar (×2)
estar	ser (×2)	irse
poder	acercarse	hacer (×3)
coger	pasear	ir
preguntar		

ACTIVIDAD 2

Escucha la historia.
Compara la historia con la tuya.
¿Qué diferencias hay?

ACTIVIDAD 3

Lee y completa el texto de la historia.
Usa los verbos de la lista (Actividad 1).
Utiliza la forma correcta, principalmente:
Pretérito indefinido
Pretérito imperfecto

A: El otro día . . . . _paseábamos / estábamos (-mos)_ por las Ramblas de Barcelona
y había muchísima gente porque . _era_ . . . fiesta y
hacía . . un día espléndido. De repente _se acercaron_ . dos
chicos y nos _preguntaron_ . . la hora, entonces cuando
estaba . mirando el reloj _cogió_ . mi bolso y _i eran_
se fue (ron) . corriendo.
B: ¿Qué . _hiciste_ ?
A: Pues no _pude_ . hacer nada; grité pero . . . . . . muy _se fueron_
rápidos y además nadie . _hizo_ . . nada. _hizo_
B: ¿Qué _había_ . en el bolso? _tenías_
A: Muchas cosas; mi pasaporte, la cámara, mi cartera con
bastante dinero, las gafas, y las llaves del coche.
B: ¿Los _denunciaste_ ?
A: Sí; _fuimos_ a la comisaría y los _denuncié_ .
B: ¿Crees que _encontrarás_ la bolsa?
A: La policía dice que es muy difícil, esto pasa todos los
días.

Ahora escucha otra vez.
Compara.
Indica con A las acciones y con D la descripción de las
circunstancias que rodean la acción principal.

Ejemplo: había mucha gente (D)

Paseábamos por la Rambla; hacía sol, había mucha gente, los niños jugaban, la gente tomaba café, cuando dos chicos se acercaron y nos quitaron la bolsa.

Estudiante A: Dibuja una escena como Actividad 4 y cuéntala a Estudiante B.
Utiliza el pretérito imperfecto (para la descripción de las circunstancias que rodean la acción) y el pretérito indefinido (para las acciones).
Estudiante B: Dibuja la escena con las instrucciones.

Cambia.

1 Paseábamos
2 Estábamos paseando } por la Rambla cuando ellos cogieron mi bolsa.

1 se forma con el pretérito imperfecto del verbo principal (pasear – paseábamos).

2 se forma con el pretérito imperfecto del verbo **estar** + el gerundio del verbo principal (estaba pase**ando**).

Las dos formas significan lo mismo.

ACTIVIDAD 7

Forma las frases con las dos formas.

Ejemplo:
1 (Yo) lavar/coche/empezar/llover
Lavaba el coche cuando empezó a llover.
Estaba lavando el coche cuando empezó a llover.

2 (Ellos) vivir/Sevilla/morir/marido
3 (Nosotros) viajar/México/ocurrir/terremoto
4 (Ella) estudiar/la universidad/tener/accidente
5 ¿(Tú) conducir/coche/chocar/camión?
6 (El) correr/sufrir/infarto
7 (Yo) leer/salón/empezar/incendio
8 ¿(Vosotros) dormir/entrar/ladrón/casa?
9 (Ella) salir/ducha/sonar/teléfono
10 Llover/(ellos) salir/vacaciones

ACTIVIDAD 8

Los siguientes párrafos corresponden a cuatro noticias de un periódico.
Busca los tres párrafos que corresponden a cada una, únelos y escríbelos en el orden correcto.
Observa el uso del imperfecto y el pretérito indefinido.

1 La Policía Local se personó en el lugar de los hechos pero no pudieron detener a los dos jóvenes.

2 Un chico de cuatro años se perdió en las calles de Zaragoza. Una patrulla de la Policía Local recogió al niño y lo llevó al Albergue Municipal.

3 Un soldado de 19 años, tras quitar el arma a un compañero de guardia, disparó contra las instalaciones de la base de helicópteros de Vetera (Valencia). Los hechos sucedieron a primera hora de la madrugada.

4 El atracador amenazó al director de la oficina con una pistola y se llevó trescientas mil pesetas.

5 A media tarde de ayer dos atracadores entraron en una farmacia situada en las inmediaciones del Parque Miraflores. Robaron una cantidad cercana a las 40.000 pesetas y algunos medicamentos.

6 El joven se levantó y amenazó con un cuchillo al soldado de guardia, quitándole el fusil.

7 Se cubría la cabeza con una media.

8 El joven hacía el servicio militar y se encontraba en una fase depresiva ya que no mantenía buenas relaciones con sus padres.

9 En la tarde de ayer un funcionario de la Diputación General de Aragón entregó el muchacho a sus padres.

10 Eran dos muchachos de unos 18 años, que vestían pantalón vaquero. Uno de ellos llevaba una escopeta de cañones recortados.

11 Un joven atracó la sede de Correos y Telégrafos de Alcorisa, a la una y media de ayer.

12 El niño tenía mucha hambre y estaba muy asustado.

Vocabulario
Busca las palabras y frases en los textos que significan lo siguiente:

Verbs
to hand over
to pick up
to threaten
to happen
to shoot

Nouns
sawn-off shotgun
event
headquarters

Adjective
frightened

Describe tu versión de las historias a tu compañero.

Estudiante A: esta página
Estudiante B: página 224

ACTIVIDAD 9

Estudiante A:
Lee los principios de estas frases a Estudiante B.
Estudiante B tiene que terminar la frase.
1 Estaba duchándome cuando . . .
2 Leía una novela de terror cuando . . .
3 Me estaba cambiando la ropa cuando . . .
4 Me estaba bañando en el mar cuando . . .
5 Cenaba en un restaurante cuando . . .

Cambia. Estudiante B te lee los principios de unas frases.
Termínalas.

ACTIVIDAD 10

Tres personas (María Jesús, Rosa, Mari Mar) describen una historia que les pasó.

¡Atención!

un hacha (f) = an axe

1 ¿Cuándo ocurrió?
2 ¿Cuáles eran las circunstancias? (descripción)
3 ¿Qué ocurrió? (acción)
4 ¿Cómo terminó?
5 Añade tus observaciones y más detalles.

Escucha la historia de Mari Mar otra vez.

Contesta:
1 ¿Dónde iban Mari Mar y sus amigos?
2 Casi tuvieron un accidente. ¿Por qué?
3 ¿Qué hizo el señor?
4 ¿Dónde tenían que estar a las nueve?
5 ¿Dónde estaban a las nueve?
6 ¿Qué hicieron sus amigos en la boda?

¿Qué significa
1 ir en dirección prohibida?
2 por supuesto?
3 llevar un susto?
4 debido a este conflicto?
5 hasta que llegamos?

ACTIVIDAD 11

Piensa en una historia que te pasó a ti.
Cuéntala a tu compañero.

B Preposiciones

ACTIVIDAD 12

Estos dibujos describen una historia. Estúdialos y pon las frases en el orden de los dibujos.

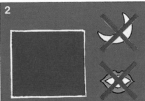

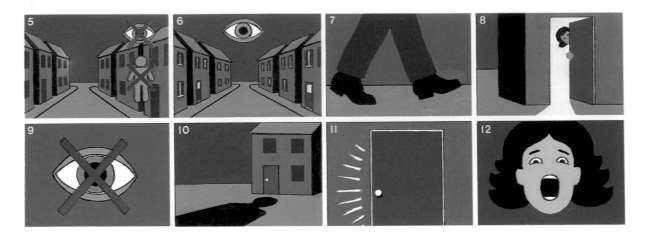

a pero no vio a nadie

b entonces una mujer abrió una puerta y miró a su alrededor

c era una noche de diciembre, sin estrellas; llovía un poco y, por supuesto, hacía frío

d el silencio era intenso

e cuando una sombra corrió hacia la casa

f eran las diez de la noche en el reloj de la torre de la iglesia

g se oyeron de repente unos pasos rápidos y un ruido fuerte

h todo estaba tranquilo en la ciudad

i los gatos paseaban silenciosos también por las calles oscuras y estrechas

j la mujer, que estaba aún en la puerta, la cerró y se oyó un grito

k no se veía a nadie por las calles

l la noche era oscura y silenciosa

m sólo se veían luces amarillas detrás de las ventanas y las puertas

Compara tu historia con un compañero.

La historia no tiene terminación.
Termínala.
Compara el final con un compañero.

ACTIVIDAD

13

Lee la historia una vez más.
Indica las preposiciones.

Ejemplos: las diez **de** la noche
el reloj **de** la torre

paseaban **por** las calles
en la ciudad
sin estrellas
no se veía **a** nadie **por** las calles
corrió **hacia** la casa

Estudia las preposiciones y los ejemplos en la página 242 de la sección de gramática y también la página 129 de Lección 8.

Rellena los espacios con la preposición adecuada.

1 El coche chocó . . . . una pared.
2 En la televisión había un debate . . . . religión.
3 En el verano le gustaba pasear . . . . los árboles del bosque.
4 Estaré aquí . . . . la una . . . . las cuatro.
5 Organizaste el viaje . . . . informarnos de los detalles.
6 . . . . las noticias de la televisión va a haber elecciones próximamente.
7 Normalmente Carlos hace el trabajo bien pero . . . . una crisis no sabe tomar decisiones.
8 La moto se dirigía . . . . el muro pero el motociclista pudo pararla antes de chocar.
9 El hombre que me robó tenía . . . . 15 y 17 años.

ante	desde	hacia
sobre	según	contra
entre (×2)	sin	hasta

por y **para**

Uso:

Generalmente **por** expresa la causa o la razón de una acción.
(Try using the loose translation "because of ".)
Ejemplo: Está triste por la muerte de su padre.

Generalmente **para** expresa finalidad, intención o destino.
(Try using the loose translation "in order to" and add a verb if there is none.)
Ejemplos: Tengo poco dinero para divertirme.
Tengo poco dinero para (ir a) el cine.

Estudia los dibujos y lee la historia del espía Pepe.
Sitúa cada frase.
Rellena los espacios con las preposiciones adecuadas.

a Ayer . . . . las siete . . . . la tarde, el espía
Pepe llamó . . . . teléfono . . . . alguien.

b Llegó . . . . la casa, entró . . . . la puerta
. . . . atrás y mató . . . . presidente.

c No bajó . . . . el ascensor.

d . . . . una tienda había comprado flores y una
pistola.

e Después cenó y salió . . . . casa . . . . una
maleta.

f Pero antes dijo: "Lo hago . . . . tus crímenes y
. . . . la revolución. Estas flores son . . . .
tu tumba." Y disparó.

g y paseó . . . . el centro . . . . la ciudad
. . . . las doce.

h Bajó . . . . las escaleras . . . . no ver
. . . . nadie.

i Fue . . . . la calle . . . . el parque

C Narración

Lee la historia de una aventura de José Luis Gallego y contesta las preguntas.

¡Atención!

una vez = *once*

a los (1.000 metros) = *at (1,000 metres)*

así que = *so that*

al fin = *eventually*

al regresar = *on returning (i.e. when we returned)*

el problema es que = *the problem is that*

● **LA AVENTURA MÁS PELIGROSA:** Una vez, en Noruega, tratábamos de hacer una subida de 2.400 metros. A los 1.000 metros encontramos una tormenta. Llevábamos poca ropa y hacía un frío terrible, así que si nos parábamos nos quedábamos congelados. La única solución era seguir subiendo. El problema es que llegamos al **límite de resistencia sin dormir,** casi 50 horas. Pero no podíamos parar. Al fin llegamos a la cumbre y pudimos descender por un tramo más fácil. Al regresar al campamento casi nos quedábamos dormidos andando.

1 ¿Dónde estaban?
2 ¿Qué hacían?
3 ¿Qué tiempo hacía?
4 ¿Por qué no durmieron?
5 Cómo volvieron al campamento?

Escribe los ejemplos del pretérito imperfecto e indefinido.

Una historia que te pasó a ti
Cuenta la historia a tu compañero,

o

escribe una historia de algo que te pasó.
Mezcla las historias con las de tus compañeros.
Tenéis que adivinar de quiénes son las historias.

D Denunciando

Escucha Actividad 1 otra vez.
Imagina que estás en la comisaría.
Inventa un diálogo.

Estudiante A: Denuncia el robo.
Estudiante B: La policía

ACTIVIDAD 20

Estudiante A:
Explica algo que te pasó a Estudiante B.

Ejemplos: Perdiste el pasaporte.
Tomaste un autobús equivocado *(the wrong bus).*
etc.

Estudiante B: Responde.

Cambia.

ACTIVIDAD 21

Trabaja con dos compañeros.
Estudiante A: esta página
Estudiante B: página 225
Estudiante C: página 232

Estudiante A:
Mira el dibujo del accidente.
Vas a explicar lo que pasó y describir la escena a Estudiante C.
Estudiante B tiene otra versión de la escena.
El/Ella va a explicar a Estudiante C.
¿Cuál de los dos tiene la versión correcta?
Estudiante C os preguntará y os lo dirá.

E En casa o en clase: Noticias

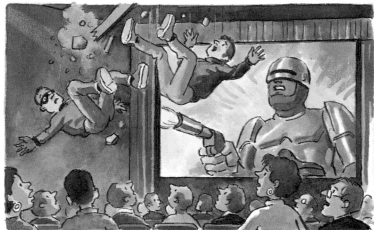

Los ladrones que se cayeron a un cine

Lee y completa el texto:

. . . . en un cine de Barcelona los espectadores que se encontraban asistiendo a la proyección de "Robocop 2" tuvieron emociones extras; . . . . la película se oyó un estrépito terrible, ... creía que se estaba produciendo un terremoto y . . . . dos hombres caen del techo. ¿Efectos especiales? No. . . . . dos ladrones que andaban merodeando por el techo del cine a ver si podían entrar en una de las casas de alrededor.

No se sabe qué teja en falso pisaron. . . . . cayeron en medio del patio de butacas. . . . . el impacto entre la audiencia fue tan grande que los responsables de este cine, el cine Tívoli de Barcelona, han pensado incluir la caída de los ladrones en la proyección de "Robocop 2".

la gente	de repente
a mitad de . . .	según parece . . .
el caso es que . . .	esta semana . . .
se trataba de . . .	

Escucha y comprueba.
Contesta:
1 ¿Qué hacía la gente?
2 ¿Qué hacían los dos hombres?
3 ¿Qué hicieron los dos hombres?
4 ¿Qué hizo la gente?

Un ratón en la bolsa de patatas fritas

Un vecino de Gijón ha presentado una denuncia en la Oficina Municipal de Información al Consumidor contra una marca vallisoletana de patatas fritas en cuyo interior encontró un ratón, que también estaba frito. El hecho se produjo el pasado miércoles, cuando el joven denunciante se encontraba tomando un aperitivo en un merendero de la zona de El Piles. Al abrir una bolsa de patatas de la marca «La Iscariense», se encontró en su interior un ratón frito, al igual que las patatas, pero perfectamente conservado, con patas, rabo y cabeza, y de unos diez centímetros de largo.

Escribe las preguntas de estas respuestas:
1 Gijón
2 la Oficina Municipal de Información al Consumidor
3 una marca de patatas fritas
4 un ratón frito
5 mientras tomaba un aperitivo
6 perfectamente conservado

Escribe una historia fantástica similar.

¿Más gramática?

Mira cómo se usan los verbos **encontrarse** y **producirse** en los dos textos de esta sección.

Estudia las expresiones
   Al abrir . . . (en Actividad 25)
   Al regresar . . . (en Actividad 17)

Vocabulario para la próxima lección

Las artes
¿Qué significan estas palabras y frases?
1 Un **lector** lee **una novela** o **un artículo** en un periódico o **una revista**.
2 **Un(a) presentador(a)** presenta **un programa** de televisión o **un concurso**.
3 **Un televidente** ve estos programas y también **las telenovelas**.

4 En el cine las películas extranjeras están en **versión original** con **subtítulos** o en **versión doblada**.
5 Antes de hacer una **película** necesitas un buen **guión**, escrito por un **guionista**.
6 Quizás prefieres el teatro con **obras** clásicas de Lope de Vega.

Gramática

EL PRETERITO IMPERFECTO
1 Paseábamos
2 Estábamos paseando } por la Rambla cuando ellos cogieron mi bolsa.

1 se forma con el pretérito imperfecto del verbo principal (pasear – paseábamos).
2 se forma con el pretérito imperfecto del verbo **estar** + el gerundio del verbo principal (estaba pase**ando**).

Las dos formas significan lo mismo.

EL PRETERITO IMPERFECTO Y EL PRETERITO INDEFINIDO
Contraste:

⟶   ●

Estaba lavando el coche cuando empezó a llover.

PREPOSICIONES

a		entre	
ante/delante	El jardín está delante de la casa.	hacia	
bajo/debajo	El libro está debajo de la mesa.	para	
con		por	
contra		según	
de/desde . . . a/hasta		sin	
en		sobre	
		tras/detrás	El coche está detrás del tuyo.

CONJUNCIONES
Estudia la sección de gramática, página 243.

Vocabulario

Verbos	
asistir (a)	*to attend, to be present (at)*
bajar (de un coche)	*to get out (of a car)*
detener	*to detain, to arrest*
disparar	*to shoot, fire (a firearm)*
entregar	*to hand over, to hand in, to deliver*
gritar	*to shout*
llevarse	*to carry off, to take away, to remove*
mantener (buenas relaciones)	*to maintain, to have (a good relationship)*
merodear	*to prowl about*
personarse	*to appear in person, to present oneself*
pisar	*to step on, to tread on*
quitar	*to take (something) away (from someone)*
saltar	*to jump*
sonar	*to ring (an alarm clock, a bell)*
tratar (de)	*to be about (something), to concern*

Adjetivos	
asustado/a	*frightened, shocked*
cercano/a	*nearby, close*
una cantidad cercana a	*approximately*
congelado/a	*frozen*
estrecho/a	*narrow*
falso/a	*false*
silencioso/a	*silent*

Adverbios	
de repente	*suddenly*
bastante	*enough, quite a lot*

Nombres	
acontecimiento	*event*
alpinista (m/f)	*mountaineer*
atracador(a)	*bandit, robber*
cantidad (f)	*quantity*
cartera	*wallet, briefcase*
cuchillo	*knife*
cumbre (f)	*summit, top*
escopeta (de cañones recortados)	*(sawn-off) shotgun*
estrella	*star*
estrépito	*noise, disturbance, din*
fresco	*fresh air*
fusil (m)	*rifle, gun*
grito	*shout*
hacha	*axe*
hecho	*fact, event*
incendio	*fire*
infarto	*heart attack*
ladrón/ladrona	*thief*
media	*stocking*
merendero	*cafeteria*
patrulla	*patrol*
rabo	*tail*
sede (f)	*headquarters*
soldado	*soldier*
sombra	*shadow*
sonámbulo	*sleepwalker*
subida	*ascent, rise*
susto	*shock*
tejanos (m pl)	*jeans*
terremoto	*earthquake*
tramo	*stretch (of a road)*

Expresiones útiles	
a punto de (chocar)	*just about to (crash)*
a ver	*let's see*
al fin	*eventually*
así que	*so that*
Hace un frío terrible	*It's freezing cold*
por supuesto	*of course*
¡Quita!	*Get off!*
según parece	*apparently, it seems*

diez

¿Qué te parece?

> Narración
> Los medios de comunicación
> Opiniones
> Invitaciones

A Historias

Jorge en París: primera parte

Hace cinco años,
Jorge pasó un
año en París.
Escucha lo que hacía
cada día.
Escribe una lista de
lo que hacía.

Jorge en París: segunda parte

Un día a Jorge le ocurrieron varias cosas extrañas.
¿Qué le pasó?
Escucha y termina las frases.

Recuerda los verbos:
cerrar   salir   terminarse
empezar   irse

1 Fue al bar a desayunar y los croissants . . .
2 El restaurante universitario . . .
3 Fue al cine pero la película . . .
4 Cuando fue a buscar a su mujer, ella . . .
5 El último tren . . .

Escucha otra vez y compara tus frases con las de Jorge.

ACTIVIDAD 3

¿Por qué le pasaron estas cosas a Jorge?
Trabaja con un compañero.
¿Cuál es la solución?

Escucha la tercera parte. ¿Lo adivinaste?

ACTIVIDAD 4

Pluscuamperfecto
Fui al restaurante pero **había cerrado**.
Llegué a la estación pero el tren **había salido**.

Mira la página 247 de la gramática.

> ## ¡Atención!
>
> Para poner énfasis:
>
> ya   Los croissants ya se habían terminado.
>
> aún   La película aún no había empezado.

ACTIVIDAD 5

Termina las frases.

1 Cuando su madre llegó a casa
2 Cuando llegamos al club
3 Cuando llegó la policía
4 Cuando empezó a ponerse enfermo
5 Cuando llamaron a su casa

a (ya) se había terminado la música.
b los ladrones aún no habían escapado.
c aún no había terminado su trabajo.
d ya se habían marchado.
e el niño (ya) había terminado sus deberes.

ACTIVIDAD 6

Estudiante A: esta página
Estudiante B: página 225

Estudiante A:
Estas son tus frases. Estudiante B tiene que responder y terminar cada frase con imaginación.

1 Cuando empezó la tormenta . . .
2 Cuando encontraron el gato . . .
3 Cuando terminó la novela . . .
4 Cuando nos casamos . . .
5 Cuando sacaste el coche . . .

Ahora Estudiante B te dará los principios de unas frases. Termínalas con imaginación. Usa "ya" o "aún" si quieres.

Lee esta historia.

1 ¿Quién perdió qué y dónde?
2 ¿Cómo desapareció?
3 ¿Cómo apareció?

¡Atención!

Expresiones:

al cabo de unos minutos = unos minutos
   después

al día siguiente = el próximo día

darse cuenta = notar

   "¿Por qué no me saludaste?"
   "Porque no me di cuenta de que
      estabas allí."

resulta que . . . = lo que había pasado
   era . . .

La cartera de José

El otro día José perdió su cartera con todos sus libros y papeles. La había comprado la semana anterior.

Fue a comer una hamburguesa a un bar y cuando salió se olvidó la cartera debajo de la mesa. Al cabo de unos minutos se dio cuenta y volvió a recogerla. Pero no la encontró. Una camarera había visto a alguien salir con su cartera. José se enfadó mucho porque todo sucedió en cinco minutos.

Al día siguiente volvió a preguntar en el mismo bar por si alguien la había devuelto. Imagínate su alegría cuando le dijeron que la tenían allí. Resulta que . . .

1 Haz una lista de todas las acciones en el orden en que aparecen en la historia.

   Ejemplo: **a** José/perder/cartera
            b comprar/cartera
            etc.

2 Ahora pon tu lista de acciones en el orden cronológico. Compara con un compañero.

3 ¿Cómo terminó la historia?
   Trabaja con un compañero.
   ¿Qué pasó?
   Comprueba con el cassette.
   ¿Tenías razón?

Inventa una historia similar.
Cuéntala a tu compañero.

ACTIVIDAD 8

B Tiempo libre

ACTIVIDAD 9

Vocabulario
Estudia las cuatro secciones.
Pon las palabras relacionadas con cada sección.
Algunas de las palabras corresponden a más de una.

1 televisión

2 literatura

3 cine

4 teatro

novela	película	protagonista	artículo
sonido	versión doblada (f)	actor/actriz	presentador(a)
obra	revista	columnista	programa (m)
dirección (f)	escenografía	coreografía	guión (m)
concurso	telenovelas	drama (m)	autor(a)
lector(a)	televidente	argumento	

ACTIVIDAD **10**

Tres personas hablan de lo que prefieren: la televisión, el cine, la lectura, o el teatro.
Escucha el cassette y completa la información de cada una.

¡Atención!

la lectura = *reading matter*
(*a lecture* = una clase, una conferencia)

	le gusta	frecuencia	clase que prefiere/no prefiere
tv			
cine			
teatro			
lectura			

Escucha otra vez y añade otros detalles de interés.

¿Qué quieren decir estas expresiones de Mari Mar?
Trabaja con un compañero.
Escribe otras frases para practicar.

Voy (al teatro) **siempre que puedo**.
En concreto no tengo ningún favorito.
Voy al cine **menos de lo que quisiera**.
No dispongo de mucho tiempo.
Suelo leer las cartas al director.

ACTIVIDAD 11

Usa las mismas preguntas y haz una entrevista similar a tu compañero.
Usa el cuadro de Actividad 10 para apuntar las respuestas.

Intercambia con otros compañeros para hacer una encuesta.
Comparad y escribid los resultados en un cuadro para toda la clase.

ACTIVIDAD 12

Esta página muestra cinco programas que se emiten en televisión.
Pon las fotos con los textos a los que corresponden.
Compara con tu compañero.

1

2

3

4

5

a 9.55 / TVE-1. Una ciudad para vivir.
Esta serie de documentales se acerca hasta la ciudad holandesa de Amsterdan. Las costumbres del lugar, además de los aspectos culturales, serán objeto de un interesante análisis.

c 14.35 / Canal +. Peter Pan. Los pequeños telespectadores pueden contemplar las divertidas aventuras de este pequeño ser que se negó a crecer. La fiel Campanilla, Wendy y el temible capitán Garfio son otros de los personajes de la serie que el canal privado emite en codificado.

e 10.15 / Telemadrid. Tendencias. En el programa de hoy se analizará la relación de Gabriel García Márquez con el cine. El Premio Nobel colombiano ha mantenido siempre una estrecha, aunque conflictiva, relación con el mundo del celuloide. El cine y él son como un matrimonio mal avenido.

b 20.31 / Canal +. Los primeros de la clase. Serie juvenil que se emite en abierto y que narra las peripecias de los alumnos del Instituto Monroe de Manhattan. El empollón Arvid, el visionario Jaweaharlal y Janice, un genio de 12 años, son algunos de sus protagonistas.

d 22.00 EL REGRESO DE MARTIN GUERRE

Le retour de Martín Guerre (1982). De Daniel Vigne. Con Gerard Depardieu y Nathalie Baye Color. 121 minutos. Francia.

Durante el siglo XVI en Francia, dos poderosas familias campesinas casan a sus hijos, Bertrande de Rois, de 12 años, y Martin Guerre, de 13. Él se enrola en diversas guerras y cuando regresa, ocho años después, nadie sabe si es él o un impostor.

ACTIVIDAD 13

Escribe un trozo de una carta a un amigo sobre tus preferencias de cine, tv etc.
También habla de cómo es el teatro, el cine, la televisión en tu país.

C Las películas

ACTIVIDAD 14

Tres personas hablan de un director de cine, Luis Buñuel, y sus películas.
Expresan sus opiniones.

1 ¿Cuáles son las opiniones de A, B y C sobre Buñuel? Escríbelas.

2 ¿Quién
  ha visto todas sus películas?
  no lo conoce?
  no vio la película en la tele?

¿Qué opinas?
En mi opinión . . .
Me parece que . . . *(It seems to me . . .)*
Creo que . . .
Pienso que . . .
La verdad es que . . .
En realidad (creo que) . . .

Estudiante A: esta página
Estudiante B: página 226

Estudiante A:
Invita a tu amigo/a a ver una película.
Descríbela e intenta convencer a tu amigo/a.
Te han dicho de esta película:
    Excelente
    Fácil de comprender
    Actores extraordinarios
    Original
    Tema bien tratado
    Imaginación
Explica el argumento de la película.

¡Atención!

Falsos amigos:
argumento = *story (of film, etc.)*
discusión = *argument, row*

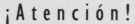

Mari Mar cuenta el argumento de una película, "El Novato".

1 ¿Quién es Marlon Brando en la película?
2 El adolescente se introduce en el mundo de la Mafia. ¿Por qué?
3 ¿Cuál es el problema cuando empieza su "carrera" en la Mafia?
4 ¿Cómo termina la película?

Ahora escucha a María Jesús contando la historia de otra película, "Erase una vez en América."
Hay similaridades entre esta película y la de Mari Mar. ¿Cuáles son?

¡Atención!

una pandilla = *group*
un raterillo = *pickpocket*
un preso = *prisoner*
la cárcel = *prison*
la ley seca = *prohibition (literally: the dry law)*

¿SI o NO?
1 También trata de un joven sin dinero.
2 También trata del mundo del crimen.
3 También trata de un joven ambicioso.
4 También pasa su juventud aprendiendo a ser mafioso.
5 También termina la película con mucho dinero y poder.
Si has respondido NO, escribe la verdadera respuesta.

ACTIVIDAD 19

Estudiante A: esta página
Estudiante B: página 226

Estudiante A:
1 Estudia las escenas de esta película.
 Inventa el argumento de la película.
 Trabaja con otro/a Estudiante A si quieres.

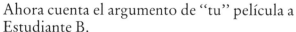

Ahora cuenta el argumento de "tu" película a Estudiante B.
El/Ella tiene el verdadero argumento. Te lo cuenta.
¿Teníais razón?

2 Ahora tú tienes el argumento de otra película.
Léelo. Estudiante B te cuenta su versión de la misma
película.
Cuenta la versión que tienes.

"LA PUERTA"

EL SEÑOR DE LOS DEMONIOS

La puerta del título es un agujero aparentemente inocuo en el patio de una típica casa de las afueras de una ciudad, a través del cual el Señor de los Demonios y sus horripilantes secuaces emergen intentando tomar posesión de la Tierra. El agujero ha sido cavado por el pequeño Glen (Stephen Dorff) y su mejor amigo, Terry (Louis Tripp), buscando piedras. Por este agujero saldrán desencadenadas las fuerzas del mal, aunque éstas no atacarán hasta que se hayan ausentado durante el fin de semana los padres del pequeño, dejando a su hermana mayor, Al (Christa Denton), al cuidado. Una serie de hechos extraños, como la muerte del perro y un conato de levitación, les pone sobre la pista de algo sobrenatural que está a punto de iniciar su ataque. Pronto aparecerá el Señor de los Demonios, una enorme criatura mitad hombre mitad serpiente provisto de seis brazos y cuatro ojos, dispuesto a ponernos los pelos deliciosamente de punta.

Los efectos especiales de "La puerta" corren a cargo de un equipo dirigido por Randal Williams Cook ("Los cazafantasmas", "Noche de miedo", "La cosa", "Poltergeist II") y el maquillaje y caracterizaciones especiales son obra de Graig Reardon ("E.T.", "Poltergeist", "En los límites de la realidad"). ∎

Título original: "The Gate", **Director:** Tibor Takacks. **Productor:** John Kemeny. **Guión:** Michael Nankin. **Fotografía:** Thomas Vamos. **Montaje:** Rit Wallis. **Música:** Michael Hoenig y J. Peter Robinson. **Intérpretes:** Stephen Dorff, Christa Denton, Louis Tripp.

ACTIVIDAD 20

Cuenta a tu compañero el argumento de una película que has visto.
¿Quién es el director?
¿Quiénes son los actores?
¿De qué trata?
No digas el título.
¿Puede adivinar tu compañero qué película es?

D En casa o en clase

Este artículo trata de los actores hispanos en los Estados Unidos.

Los actores latinos también han tenido su oportunidad dentro del *brat-pack*. No hay que olvidar que hay 30 millones de hispanos en los Estados Unidos. Un número de potenciales espectadores lo suficientemente importante como para que los magnates de Hollywood se preocupen de encontrarles estrellas y guiones adecuados con los que identificarse.

Hay, incluso, un Oscar hispano, el Golden Eagle Award. Sin embargo, sólo una actriz latina, Rita Moreno, la protagonista de *West Side Story* (1961), ha ganado todos los premios importantes de la industria del espectáculo en los Estados Unidos (Oscar de cine, Emmy de televisión, Tony de teatro y Grammy de música).

Es posible que la situación cambie en el futuro. Los jóvenes valores hispanos encontraron su mejor oportunidad con *La bamba* (1986), de Luis Valdez. Con ella se dieron a conocer actores como Esai Morales y Lou Diamond Phillips, su protagonista. Este último, ha participado también en otra de las películas que han reunido a un buen puñado de las nuevas caras de Holly-

wood, *Arma Joven* (1988). En ella coincidió con Kiefer Sutherland y los hermanos Charlie Sheen *(Wall Street*, 1987) y Emilio Estévez *(Procedimiento ilegal,* 1987).

Los Estévez son precisamente una de las más prometedoras dinastías de actores hispanos, aunque parte de la familia funciona con el apellido Sheen. No son

la única. Junto a ellos hay apellidos tan famosos como los Quinn o los Lamas.

La televisión ha sido un buen medio de penetración para los latinos. Por ejemplo, Martin Sheen (nacido Ramón Estévez) fue uno de los primeros actores estadounidenses que dio con éxito el salto de la televisión al cine. Menos suerte han tenido en la gran pantalla Jimmy Smits (el abogado chicano de *La ley de Los Angeles),* Edward G. Olmos (el teniente Castillo de *Miami Vice)* o Lorenzo Lamas (el Lance de *Falcon Crest).*

El mejor acento hispano

ANDY GARCIA

¿Más gramática?

¿A qué se refieren estas palabras en el texto?

encontrar**les** (línea 8)

los (9)

ella (33)

su (36)

este último (37)

ella (43)

la única (52)

ellos (52)

Busca la siguiente información.
1 La relación entre Charlie Sheen y Emilio Estévez
2 La razón por tanto interés en películas con temas hispánicos
3 Los premios
4 Lo que ha conseguido Martin Sheen
5 Otra información de interés del artículo
Compara con un compañero.

¿Qué significa
  no hay que olvidar (línea 3)
  sin embargo (13–14)
  aunque (50)
  junto (52)
  el salto (58–59)
  la gran pantalla (60)?

Vocabulario para la próxima lección

En la cocina   cocinar a la plancha/la parrilla

hervir   guisar   untar

remojar   mezclar   freír   asar

batir   triturar   pelar   cortar en rodajas

Gramática

EL PLUSCUAMPERFECTO

(yo)	había	
(tú)	habías	
(él/ella/Vd)	había	terminado (termin**ar**)
(nosotros/as)	habíamos	comido (com**er**)
(vosotros/as)	habíais	salido (sal**ir**)
(ellos/ellas/Vds)	habían	

ENFASIS: **ya** Y **aún no**

Los croissants se habían terminado.
Los croissants **ya** se habían terminado.

La película no había empezado.
La película **aún no** había empezado.

OPINIONES

Expresiones dc opinión + indicativo:

Me parece que
Creo que
Pienso que } es un buen director de cine.
La verdad es que

Vocabulario

Verbos

darse cuenta	*to realise*
desarrollar	*to develop*
desvanecer	*to disappear, to vanish*
doblar	*to dub*
pertenecer	*to belong to*
soler (hacer)	*to usually (do)*
tener razón	*to be right*

Adjetivos

doblado/a	*dubbed*
extraño/a	*strange, unusual*
imprevisto/a	*unforeseen, unexpected*
siguiente	*following, next*
tenebroso/a	*dark, gloomy, dull*

Nombres

argumento	*story, plot (of film or novel)*
autor(a)	*author*
afueras (f pl)	*outskirts*
conato	*attempt, effort*
concurso	*quiz*
crimen (m)	*a crime*
delincuencia	*crime (in general)*
escenografía	*scenography, set design*
guión (m)	*script*
guionista (m/f)	*scriptwriter, screenwriter*
lector(a)	*reader*
mordisco	*bite*
obra	*play (theatre), work of art*
pantalla	*screen*
la gran pantalla	*the big screen (i.e. the cinema)*
pista	*trail*
secuaz (m/f)	*follower, supporter*
sonido	*sound*
telenovela	*soap opera*
televidente (m/f)	*(television) viewer*

Expresiones útiles

al cabo de (unos minutos)	*after (a few minutes)*
en concreto	*to be exact*
resulta que ...	*what had happened was ...*
siempre que puedo	*whenever I can*

once

¡Ayúdame!

Instrucciones, Ordenes, Consejos
Preparando una fiesta

Recetas de cocina
La publicidad y anuncios
Consejos al salir de vacaciones

A Sugerencias para una fiesta

ACTIVIDAD 1

Trabaja con un compañero.
Escribe una lista de actividades interesantes para una fiesta de niños.
Escribe otra lista con ideas para regalos.

ACTIVIDAD 2

Rosa y Carmen están hablando del cumpleaños de la hija de Rosa.

Escucha y compara tus listas de Actividad 1 con las del cassette. ¿Qué información hay que no está en tus listas?

ACTIVIDAD 3

Los imperativos

A: No tengo tiempo de hacer un pastel.
B: **Compra** uno.
A: No sé a quién invitar.
B: **Haz** una lista con tu hija.

Mira la sección de gramática en la página 247.

ACTIVIDAD 4

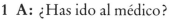

1 A: ¿Has ido al médico?
   B: No. Hoy no he podido.
   A: Pues . . . . mañana.

2 A: ¿Has comido?
   B: Todavía no.
   A: . . . .

3 A: Está lloviendo.
   B: . . . . paraguas.

4 A: ¿Qué haces en mi despacho?
   ¡ . . . . inmediatamente!

5 A: ¿Vas a salir?
   B: Sí, voy a Correos.
   A: . . . . sellos, por favor.

ACTIVIDAD 5

Busca diez ejemplos del imperativo en las instrucciones de las actividades de este libro.
Compara con un compañero.

ACTIVIDAD 6

Pepe y su madre
Estudia los dibujos y escribe lo que le dice su madre a Pepe. Usa el imperativo.

ACTIVIDAD 7

Estudiante A: esta página
Estudiante B: página 228

Estudiante A:
1 Tu amigo/a va a salir a comprar.
   Pídele varias cosas:

Empieza:
¿Vas a correos? Por favor . . . . esta carta.
Continúa.

2 Ahora Estudiante B te pide varias cosas a ti.

Los imperativos con pronombres
Los pronombres se ponen detrás de los imperativos:

A: ¿Has terminado los deberes?   **B:** No. Aún no los he hecho.

A: Pues, haz**los** ahora.

A: ¿Has dado a tu madre el regalo?   **B:** Aún no.

A: Pues dá**selo**. (da-se-lo)

¡Atención!

le or **les** becomes **se** when placed
before **lo/los** or **la/las**:
Da a tu madre el regalo
→ **Dale** el regalo → Dá~~le~~lo =
                        Dáselo

Completa con los verbos adecuados.

escribir	dar	mandar
ponerse	hacer	

9

1 **A:** ¿Te has puesto la chaqueta? **B:** No.
  A: Pues . . . . . . / . . . . . . / . . . . . ahora.

2 **A:** ¿Dónde está el libro de Juan? **B:** Aquí está.
  A: . . . . . . / . . . . . . / . . . . . . , por favor.

3 **A:** ¿Has escrito las cartas a tus amigos? **B:** Sí.
  A: Pues, ... / . . . . . . / . . . . . .

4 **A:** ¿Tienes que cortar el césped? **B:** Sí. Todavía no lo he hecho.
  A: Pues . . . . . . / . . . . . ahora. Va a llover.

5 **A:** ¿Vuelves a tu país mañana, ¿verdad? **B:** Sí. Te mandaré una carta.
  A: Sí, sí. . . . . / . . . . . , por favor.

10

Escribe tres órdenes que se pueden hacer en clase.

Da las órdenes a tus compañeros.

Tienen que hacer lo que les digas.
Cambia.

11

Lee las recetas.
Una es para preparar horchata, una bebida muy popular
en España hecha con chufas (*earth almonds*).
La otra es para un pastel.

Horchata: Señala los verbos en imperativo.
Da el infinitivo correspondiente.

HORCHATA

Ingredientes para 4 personas:
● 250 gr. de chufas ● 250 gr. de
azúcar ● 1 litro de agua.

Preparación: Pon a remojo las chufas durante 12 horas, luego acláralas y machácalas en el mortero o tritúralas en el molinillo. Agrégales el azúcar, incorpora el agua y mezcla bien; déjalas macerar unas dos horas. Pasa la mezcla por un colador, apretando con la maza del mortero para que salga todo el líquido, y cuélalo luego por un paño fino. Echalo en una jarra y mételo en el congelador 2 horas, revolviendo frecuentemente. Acompaña con pajitas.

Pastel: Busca los verbos en el infinitivo y escríbelos en el imperativo.

TARTA DE AMOR Y CAFE

1 Volcar el bizcocho en una rejilla o bandeja y hacer dos cortes circulares, con la punta del cuchillo, de dos centímetros de profundidad.

2 Meter un hilo fuerte en las ranuras, cruzarlo y tirar de ambos extremos: los cortes quedarán lisos e iguales. Se obtienen 6 círculos.

3 Levantar cada círculo con ayuda del fondo del molde. Depositar uno encima del otro, con un papel de estraza entremedias.

4 Batir la mantequilla con la margarina y obtener una crema, añadir poco a poco el azúcar glass, los huevos, el café y el brandy.

●● **Ingredientes para cada base:** 4 huevos medianos, 3 cucharadas de agua caliente, 150 g de azúcar, 1 cucharadita de vainilla en polvo, 100 g de harina, 100 g de maizena, 2 cucharaditas de levadura en polvo.

●● **Ingredientes para el relleno:** 2 huevos pequeños, 200 g de mantequilla, 125 g de margarina no vegetal (dura), 200 g de azúcar glass, 3 cucharadas de agua caliente, 4 cucharadas de café soluble, 2 cucharadas de brandy.

●● **Ingredientes para la guarnición:** 100 g de nueces peladas, 20 g de pistachos, 16 bombones de moca o rellenos de café.

5 Untar el primer círculo con la crema, colocar el siguiente encima, untar y seguir así hasta que queden apilados los 6.

6 Colocar el borde del molde alrededor de la tarta, tapar la superficie y presionar con una tabla. Dejar reposar 3 horas en el congelador.

7 Sacar la tarta y untar los bordes con crema (ésta hay que meterla en el frigorífico cada vez que se deje de trabajar con ella).

8 Esparcir las nueces picadas en un papel de estraza y hacer rodar la tarta de canto sobre ellas hasta que todo el borde quede cubierto.

9 Untar la superficie de la tarta también con crema; para que ésta quede lisa se debe mojar el cuchillo a menudo en agua fría.

10 Decorar la superficie con la crema restante, repartir los pistachos y adornar con los bombones. Si se desea, se puede congelar.

Escribe una receta para tus compañeros.
Elige los verbos:

freír	guisar
hervir	asar
pelar	poner en el horno
etc.	

Un chiste

—*Por favor, hijo, respira, que el doctor no puede perder el tiempo.*

B Peticiones

Los imperativos plurales

A: Nuestros padres no saben que estamos aquí.
B: Pues **llamad** por teléfono ahora mismo.

A: Vamos a esquiar.
B: **Tened** cuidado. Es peligroso.

A: No sabemos qué hacer.
B: **Venid** con nosotros al fútbol.

Ahora mira la página 247 de la gramática.

¡Atención!

Mucha gente usa el infinitivo
en vez del imperativo en plural.

Ejemplo: Hijos, **tener** cuidado.

ACTIVIDAD 15

Los derechos de los niños

Protección.

Necesito vuestros
cuidados. Y además,
os pido tres deseos:
proteged mi barrio,
mi pueblo y nuestro
planeta.

Denuncia.

Abandono, explotación,
malos tratos, humillación...
No lo permitáis.
¡Denunciadlo!

Educación y juego.

Enseñadme a pensar, a jugar,
a dialogar, a disfrutar.
Despertad mis sentimientos de
solidaridad.
Así, cuando sea mayor,
podré elegir mejor mi propia vida.

Integración.

¡Somos iguales...
y diferentes!
Aceptadme como soy,
y educadme según mi capacidad
y mis necesidades.

Solidaridad.

Educadme para la paz.
Para que, junto a otros,
colabore
por un mundo mejor.

Auxilio.

Si tengo hambre, si estoy triste,
si sufro, si estoy enfermo...
¡Ayudadme!

Lee lo que piden los niños.
Identifica los verbos en el imperativo.
Los números 1, 3, 4 y 6 no aparecen.
Con un compañero invéntalos.

El texto de los números 1, 3, 4 y 6 está en la página 229.

Formad grupos de tres o cuatro.
Una persona da órdenes.

Ejemplo: Tocad una pared.

Los demás tienen que cumplir las órdenes al mismo tiempo.

C Instrucciones y consejos

Cuatro diálogos cortos.
Contesta para cada uno:
1 ¿Dónde están?
2 ¿Qué quieren?
3 ¿Es una situación formal o informal?
Identifica los verbos.

Compara tus respuestas con las de un compañero.

Los imperativos: formal y negativos

A: Vengo a hablar con el señor García.
B: Pase usted a su despacho.　　　　Formal

A: Voy a bañarme.
B: No **vaya** ahora. Es peligroso.　　Formal negativo

A: Voy a escuchar música.
B: No **hagas** mucho ruido.　　　　Informal negativo

Mira la página 248 de la gramática.

Escucha los diálogos (Actividad 17) otra vez.
¿Cómo piden las cosas?
¿Cómo dan las instrucciones?

Rellena los espacios.

1 Esto es un regalo para tu madre. Es un secreto. No le
. . . . nada.
2 Adiós, primos; buen viaje. . . . . me por teléfono.

3 Señor García, usted no está bien. . . . . al médico, por favor.

4 Camarero, ... me un tenedor, por favor.

5 Hija, no . . . . este vestido de verano. Hace mucho frío hoy.

EN BICI DESDE ZARAGOZA

Estudia las instrucciones para ir al Galacho de Juslibol y al Galacho de la Alfranca.

1 Escribe instrucciones para un amigo que quiere ir en bici de Zaragoza a Juslibol. Usa el imperativo informal.

2 Ahora escribe las instrucciones para la Alfranca a una persona mayor que no conoces. Usa el imperativo formal.

Galacho de Juslibol

Cruzar el polígono ACTUR y llegar al pueblo de Juslibol, cruzar todo el pueblo y seguir el camino al pie del acantilado de yesos durante 2 km. Se llega al parque público del Galacho de Juslibol que es conveniente recorrer andando. Se recomienda la subida al Castillo de Miranda desde el cual hay una hermosa panorámica.

En el mismo Juslibol, uno se puede entretener visitando el pueblo y sus cuevas-vivienda. También es bonita la plaza del Arzobispo a la salida del pueblo. En el acantilado de yesos se ven bastantes aves, las antiguas canteras de yesos... etc...

El Galacho es un pequeño paraíso.

Ida y vuelta: Zaragoza-Galacho-Zaragoza. 12 kms.

galacho de la alfranca

Coger la avenida de Cataluña hasta el final, cruzar el Gállego y, a la derecha, la carretera a Movera y Pastriz. Llegar a Pastriz y coger el camino enfrente de la escuela (entrando a mano derecha). El Galacho está a unos 2 km. del pueblo. Las orillas del Galacho se recorren andando. El respeto a la fauna y flora ha de ser absoluto –aprovechar el pinar para almorzar o comer–. La mejor época es la primavera.

Se puede volver por la Puebla de Alfindén y la carretera de Barcelona. El camino sale desde la misma finca de la Alfranca.

Ida y vuelta: Zaragoza-Movera-Pastriz-Galacho-Zaragoza, 25 kms.

D La publicidad

Con un compañero, habla de la publicidad y los anuncios.

1 ¿Te parece bien la publicidad?
2 ¿Hay mucha publicidad hoy día en tu país?
3 ¿Qué artículos son los que se anuncian más?
4 ¿Cómo son los anuncios?

¿Qué opina tu compañero sobre el tema?

¿Qué opina María Jesús sobre la publicidad?
Compara sus opiniones con las vuestras.

1 ¿Cuál es la forma de publicidad que le gusta menos?
2 ¿Por qué?
3 ¿Qué clase de la publicidad no le molesta?
4 ¿Qué dice de la cantidad de publicidad?
5 ¿Qué se anuncia más?
6 María Jesús habla de la época de los regalos. ¿Cuál es?

Escucha estas expresiones de María Jesús.
¿Cuáles expresan
    sus opiniones? (1)
    sus sentimientos? (2)
    cómo introducir un tema? (3)
Pon el número que les corresponde
y compara con un compañero.

lo odio	depende
es horrible	la verdad es que . . .
no me molesta	yo creo que . . .
es algo impresionante	

ACTIVIDAD 25

Escucha los anuncios.
Haz una lista de lo que anuncian.

Trabaja en grupo.
¿Qué opináis sobre estos anuncios?
Buscad anuncios de vuestros países y adaptadlos para el público hispano.

—*No es necesario que cambies de canal... Los anuncios, que son lo que me gusta, son iguales en todas las cadenas.*

E En casa o en clase

ACTIVIDAD 26

Antes de ir de vacaciones ¿qué tienes que hacer en tu casa?
Haz una lista.

Lee la historia de esta familia.
Compara con tu lista.

Ahora lee los Consejos para las Vacaciones.
¿Qué precauciones se mencionan que no toma la madre
de la historia?
¿Qué hace la madre que no se menciona en los Consejos?
¿Hay algo que no debe hacer la madre?

Consejos para las vacaciones

TOME NOTA Y FELICES VACACIONES Sr. GUILLERMO

Las vacaciones llegaron ya. Y muchas personas irán a pasarlas fuera. Unos elegirán la montaña. Otros la playa. Habrá quien prefiera volver a sus orígenes, al pueblo de su familia. Y algunos, elegirán viajar al extranjero. Y todos lo harán con la misma intención: abandonar la rutina y pasar unos días de ocio y descanso en compañía de familiares y amigos. Pues bien, para que estas vacaciones sean del todo felices para Ud.   **Sr. GUILLERMO.**

Queremos ofrecerle unos consejos prácticos.

Y si todavía no ha decidido donde ir de vacaciones, consulte nuestro programa de viajes, seguro que le interesará.

AL SALIR DE CASA...

– Revise todos los grifos. Deje la llave del paso del agua cerrada. Vigile también el gas y apague las luces de todas las habitaciones.

– Cierre bien las ventanas.

– No baje todas las persianas. Mantenga alguna arriba, para dar la impresión de que la casa está habitada.

– Deje a algún familiar o amigo las llaves de su piso. Podrán entrar si surge algún imprevisto (goteras, inundaciones...).

Además puede dejarles encargados de regar sus plantas, encender y apagar luces y abrir y cerrar

ventanas para que si alguien estuviera vigilando piensen que el piso continúa habitado.

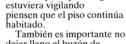

También es importante no dejar lleno el buzón de correspondencia. Es mejor vaciarlo periódicamente, para no dar pistas de que no se está en casa.

Vocabulario para la próxima lección

La República Dominicana

cálido	*hot (climate)*	coco	*coconut*
caluroso	*warm, hot (weather)*	ganadería	*cattle-raising, stockbreeding*
época	*season*		
fresco	*cool*	maíz (m)	*maize*
		mestizaje (m)	*mixed race*
cacao	*cocoa*	moneda	*currency*
caña de azúcar	*sugar cane*	ron (m)	*rum*
carey (m)	*tortoiseshell*		

Gramática

EL SUBJUNTIVO
El subjuntivo se forma con:
la raíz de la primera persona singular del indicativo + las terminaciones del subjuntivo

Verbos regulares:

entrar:
entre   entres   entre   entremos   entréis   entren
beber:
beba   bebas   beba   bebamos   bebáis   beban
escribir:
escriba   escribas   escriba   escribamos   escribáis   escriban

Verbos irregulares:

hacer: (hago)   haga   dar: dé
poner: (pongo)   ponga   ir: vaya
etc.   ser: sea

IMPERATIVOS

Singular: **Plural:**

Regulares   **Irregulares**   **Regulares**   **Irregulares**
pagar: paga   (sólo en el singular)   pagar: pagad   ir: id
comer: come   decir: di   comer: comed
escribir: escribe   hacer: haz   escribir: escribid
                       ir: ve
                       poner: pon
                       salir: sal
                       tener: ten
                       venir: ven

Imperativos con pronombres:

A: ¿Puedo llamar a mi padre por teléfono?   **B:** Sí, llámale.

A: ¿Puedo dar esto a mi amigo?   **B:** Sí. Dáselo.

Los **imperativos formales** y los **imperativos informales negativos** usan
la forma del subjuntivo:

	Formal:		**Formal negativo:**	
	Singular	**Plural**	**Singular**	**Plural**
pasar:	pase (Vd)	pasen (Vds)	no pase	no pasen
comer:	coma	coman	no coma	no coman
escribir:	escriba	escriban	no escriba	no escriban

Informal negativo:
Ejemplos:
Da el libro a Juan.
No **des** el libro a Juan.   (Plural: No deis)

Come la carne.
No **comas** la carne.   (Plural: No comáis)

Escribe la carta.   (Plural: No
No **escribas** la carta.   escribáis)

Verbos irregulares utilizados frecuentemente en el imperativo:

	Formal:	**Informal:**
dar:	Deme dos kilos de naranjas.	Dame . . .
decir:	¡Dígame! (al contestar el teléfono)	Dime . . .
ir:	Vaya a la caja. (en un banco)	Ve . . .
oír:	¡Oiga! (para llamar la atención)	Oye . . .
poner:	Póngame una cerveza.	Ponme . . .
traer:	Tráigame la cuenta por favor.	Tráeme . . .
venir:	Venga al despacho.	Ven . . .
volver:	Vuelva mañana.	Vuelve . . .

Vocabulario

Verbos

almorzar	to have a mid-morning snack or lunch
apagar	to switch off, turn off
colaborar	to help, to assist
disfrutar	to enjoy, benefit from
entretenerse	to amuse oneself
mantener	to keep, leave
mantener las persianas arriba	to leave the blinds up (i.e. open)
odiar	to hate
recorrer	to tour, to go through/around
regar	to water (plants)
revisar	to check
tardar	to be late
no tardará	(s)he won't be long
vaciar	to empty

Nombres

acantilado	cliff
buzón (m)	post box, letter box
cajero/a	cashier
camino	way, road, track
cantera	quarry, pit
césped (m)	lawn, grass
cueva	cave
chiste (m)	joke
derecho(s)	right(s)
finca	property, land
gotera	leak
grifo	tap
inundaciones (f pl)	floods
orilla	bank (of a river)
pastel (m)	cake
persiana	blind (window)
pinar (m)	pinewood, pine grove
polígono	industrial estate
sentimientos (m pl)	feelings
trato	treatment
yeso	chalk, plaster

Expresiones útiles

ten cuidado	be careful
vete	go away

doce

¿Qué me aconsejas?

Consejos	Deseos
Recomendaciones	Dudas
Molestias	Hablando del futuro

A Recomendaciones

ACTIVIDAD 1

Vas a hacer un viaje a México donde vive tu amigo. ¿Qué información quieres saber antes de viajar? Escribe preguntas sobre el clima, la comida, los lugares interesantes, etc.

Ahora escucha la conversación.
¿Qué dice Javier sobre
   la época del año
   la ropa
   la atención médica
   los lugares para visitar
   los medios de transporte
   el alojamiento (hoteles)
   la comida?

> ## ¡Atención!
>
> una chamarra = *a warm outdoor jacket*
>   *(Mex.)*
> hacienda = *(in this case) a type of hotel*
>   *(Mex.)*
> siglo (dieciséis) = *(sixteenth) century*
> No te preocupes = *Don't worry*
> ¡Ojalá! = *I hope (so)*

Escucha otra vez y compara las preguntas con las tuyas.
¿Son las mismas?
¿Son similares?

ACTIVIDAD 2

Escucha algunas expresiones con subjuntivo que se usan
en el diálogo de Actividad 1.

1 Cuando **tenga** más dinero iré a México.
2 Es mejor que **vayas** en invierno.
3 No creo que (te) **pase** nada.
4 No te preocupes.
5 Es aconsejable que te **hagas** un seguro.
6 . . . para que **veas** todo y **viajes** cómodamente.
7 Me molesta que **haya** mucha gente.
8 Te recomiendo que **pruebes** la comida típica.
9 Espero que **vengas** a visitarme.
10 ¡Ojalá **pueda** ir pronto!

¿Sabes traducir estas frases a tu idioma?

Estudia los usos del subjuntivo en la página 248.

GUIA VIAJERA

SITUACION: La República Dominicana ocupa las dos terceras partes de la isla bautizada por Colón como *La Española*. Es la segunda en extensión del archipiélago de Las Antillas situado en el mar Caribe y limita al oeste con Haití. Su extensión es de 48.280 kilómetros cuadrados.

CLIMA: Cálido tropical con una temperatura media de 25 grados centígrados. El mes más caluroso es agosto y enero el más fresco. De noviembre a diciembre es época de lluvias.

POBLACION: 5.700.000 habitantes, de los cuales 1.300.000 se concentran en la capital. Son el resultado de un complejo mestizaje: un 15 por cien de indios, un 50 por cien de negros, mulatos y cuarterones y un 35 por cien de blancos. El idioma es el español.

ECONOMIA: El país vive de la ganadería (vacuno y porcino), la pesca y la agricultura (café, plátanos, tabaco, maíz, cacao, coco de agua y caña de azúcar).

REGIMEN POLITICO:

MONEDA:

FORMA DE LLEGAR:

COMPRAS:

HOTELES:

Vocabulario
Estudia la página 173.

Estudiante A: esta página
Estudiante B: página 229

Estudiante A:
Lee la información de la Guía Viajera para Santo Domingo. Estudiante B te preguntará sobre la información que tienes.
Después, pregunta a Estudiante B sobre el régimen político, la moneda, la forma de llegar, las compras, los hoteles.
Toma notas de todo lo que te diga.

En grupos de tres o cuatro, describe un aspecto de tu país como en la Guía Viajera sin decir cuál es.

Ejemplo: el clima

Tus compañeros tienen que adivinar de qué aspecto estás hablando.

Busca información sobre otro país hispanoamericano y escribe una Guía Viajera similar a la de Actividad 3.

B Consejos

ACTIVIDAD 6

Mira la página 248 de la gramática.
Completa las frases con el verbo correcto en subjuntivo:

1 Te aconsejo que . . . . en tren.
2 Te recomiendo que . . . . bien.
3 Te sugiero que . . . . un buen hotel.
4 Es mejor que . . . . un jersey.
5 Es aconsejable que . . . . un taxi.

llevar   comer   buscar   ir   tomar

ACTIVIDAD 7

Trabaja con un compañero.

Ejemplo:
1 **A:** ¿Qué coche compro?
  B: Te aconsejo que compres el pequeño porque gasta
  menos gasolina.

2 **A:** ¿Qué pedimos para segundo plato?
  B: (paella)
3 **A:** ¿Qué blusa me pongo?
  B: (la de cuadros)
4 **A:** ¿Qué le regalo?
  B: (el anillo)
5 **A:** ¿Adónde vamos de vacaciones?
  B: (a México)
6 **A:** ¿Qué maleta llevo para el fin de semana?
  B: (la pequeña)
7 **A:** ¿Qué casa compramos?
  B: (la grande)

Estudiante A: esta página
Estudiante B: página 230

Estudiante A:

1 Cuenta tus problemas a Estudiante B. Estudiante B te aconsejará.
Estás solo/a en la ciudad.
No tienes amigos.
No sabes qué visitar ni dónde divertirte y encontrar a otras personas de tu edad.
Pregunta a B.

2 Ahora Estudiante B necesita consejos.
Escucha los problemas y aconseja.

Otros problemas
¿Qué aconsejas?

Estudiante A:
1 Quiero aprender Chino en tres meses.
2 He tenido un accidente en mi coche.
3 Quiero correr un maratón.

Estudiante B:
1 Me duele mucho la espalda.
2 Estoy gordísimo/a.
3 Tengo mucha tos y me duele el pecho.

Escribe una carta aconsejando a tu amigo que visite tu país. Usa el diálogo de Actividad 1 como ayuda.

C Deseos

Deseo y necesidad
Mira la página 248 de la gramática.

Ejemplos: Quiero que seamos amigos.
Es necesario que sea simpático.

¡Atención!

Compara:

Quiero ir a la playa.

Espero tener un buen viaje.

Es importante aprender un idioma.

Es necesario llevar botas para la excursión.

Quiero que Eva vaya a la playa.

Espero que tengas un buen viaje.

Es importante que aprendas un idioma.

Es necesario que lleves botas para la excursión.

ACTIVIDAD 12

Piensa seis deseos:
tres para ti
tres para otra persona.

Piensa seis cosas necesarias:
tres para ti
tres para otra persona.

Compara con un compañero.

ACTIVIDAD 13

Lee estas cartas de una revista y contesta.

Cartas a César

● **¿Qué cualidad le exiges, más que ninguna otra, a tu amigo/a? ¿Por qué?**

«Yo, a mis amigas, no les exijo prácticamente nada. Sólo que sean simpáticas y que les guste hablar y charlar conmigo.»

Angela Peralta
(Zaragoza)

«Me parece que la cualidad que más has de exigir a un amigo es la sinCEridad y que te dé apoyo en las circunstancias que sean.»

Luis Weible
(Pravia. Asturias)

«La cualidad que exijo a mis amigos-as es que sean unos amigos bien educados porque me siento mejor al lado de un chico-a responsable, limpio y... bien educado, que al lado de otro CE sucio, tonto, piojoso y... mal educado. Aunque la mayoría de mis amigos-as están bien educados y son simpáticos... se lo sigo exigiendo. Tengo diez años y no me importa ser así.»

Remedios Gil (Cádiz)

«La cualidad que exijo, por encima de todo, a un amigo, es la sinCEridad. Un amigo que no es sinCEro, no es un verdadero amigo.»

Eva María Pardo
(Leganés. Madrid)

¿Qué cualidades exigen?
Haz una lista de las cualidades.
Ponlas en orden de importancia para ti y compara tu lista con la de tu compañero.

Escribe una carta similar a la revista.

Lee la carta de Pedro invitando a sus amigos a su fiesta de cumpleaños.

Querido Juan,

El domingo día 10 es mi cumpleaños y voy a dar una fiesta. Espero que me —————— regalos, especialmente una moto. Quiero dar una fiesta muy grande y que —————— mucha gente, pero me interesa especialmente que —————— Isabel porque deseo que mis padres la ——————. Espero que la fiesta —————— un éxito y por supuesto deseo que tú —————— con Ana y tu hermano Luis. Ojalá —————— venir todos. Dile a tu hermano que —————— sus discos.

Hasta pronto

Pedro.

DESEO QUE TE GUSTE

FELICIDADES

FELICIDADES

ACTIVIDAD 15

Pedro llama a Isabel para invitarla a su fiesta.

1 ¿Quiere ir? ¿Por qué?
2 ¿Va a ir? ¿Por qué?
3 ¿Qué le molesta?
4 ¿Qué espera?
5 ¿Qué le fastidia?
6 ¿Qué no le gusta?

ACTIVIDAD 16

Haz una lista sobre lo que no te gusta de
    tus vecinos
    el gobierno
    tu ciudad
    un amigo
    los niños.
Habla de ello con tus compañeros.
Usa verbos como:
molestar   fastidiar
(no) gustar   irritar
etc.

Ejemplo: Me molesta que hagan ruido los vecinos.

ACTIVIDAD 17

Todos los inquilinos tienen la obligación de cumplir las normas de la comunidad en la que se viva.

Cuando un vecino molesta

En la misma planta del edificio donde vivo hay una señora que, casi todos los días, saca la basura tarde. El problema es que, como no la vuelve a meter en su casa, ni la baja para que la recoja el basurero, al día siguiente huele fatal la escalera. Hemos hablado ya con ella del asunto, pero no hace caso. ¿Qué tenemos que hacer?

M.ª Rita Ortiz (Jaén)

Lo más conveniente es que el presidente de la comunidad redacte un reglamento en el que queden explícitas las normas para la mejor convivencia del vecindario. Por supuesto, una de ellas debe ser la de sacar a una hora determinada la basura. También en el reglamento se tiene que advertir que el incumplimiento de cualquiera de las normas puede ser objeto de sanción. Si a pesar de ello la señora persistiera en su costumbre, habría que demandarla ante un Juzgado ordinario por incumplimiento del reglamento de la comunidad de vecinos. Por supuesto, por este motivo, la causante del daño —mal olor en la escalera— podría verse obligada a pagar una multa.

¿Cuál es el problema?
¿Cuáles son los consejos?

¿Qué significan estas palabras en el contexto del artículo?

el inquilino	la convivencia
la comunidad	el vecindario
el reglamento	demandar

ACTIVIDAD 18

Estudiante A: esta página
Estudiante B: página 230

Estudiante A:
Mañana tienes que presentar una ponencia *(paper)* en una conferencia muy importante.
Tu vecino/a (Estudiante B) está dando una fiesta. Hay bastante ruido, es muy tarde y no puedes dormir.
Quieres mantener buenas relaciones con tu vecino. ¿Qué vas a hacer?
Llama a Estudiante B y habla con él/ella.

D Cuando tenga más dinero

ACTIVIDAD 19

Otros usos del subjuntivo
Estudia la página 249 de la gramática.

Ejemplos:
Cuando termines tu trabajo iremos al cine.
Cuando llegues a Brasil estarás cansado del viaje.
Cuando nazca el niño necesitaremos una casa más grande.

ACTIVIDAD 20

Rosa y Tessa hablan de su futuro.
¿Qué van a hacer y cuándo?

Haz una encuesta en tu clase:
"¿Qué harás cuando . . . ?"

Duda

Lee el ejemplo:

A: Dentro de dos años van a prohibir la circulación de coches en el centro de Londres.

B: **Dudo** que prohiban la circulación dentro de dos años. **Quizás** la prohiban dentro de 20 años.

Estudiante A: esta página
Estudiante B: página 231

Estudiante A:

1 Lee estas frases a Estudiante B.
  Estudiante B responde.
  a El año que viene, todos tendremos vídeo-teléfono.
  b Mañana voy a escribir una novela.
  c Voy a aprender Chino en tres semanas.
  d El año que viene quiero dejar de trabajar y comprar una casa al lado del mar.
  e Mañana voy a limpiar toda la casa.

2 Ahora responde a las frases de Estudiante B.
  Usa **Dudo** y **Quizás**.

¿Para qué?

¿Para qué compra Pedro un vídeo?
Para ver películas en casa.

¿Para qué compra Pedro un vídeo?
Para que sus hijos vean películas de dibujos animados.

Haz frases similares.

Ejemplos:
  1 (Yo)/comprar/coche/para/(yo)/viajar
    Compro el coche para viajar.
  2 (Yo)/invitar/Juan/para/él/conocer/mis padres
    Invito a Juan para que él conozca a mis padres.

Continúa:
  3 (Yo)/traer/libro/para/tú/leer
  4 (El)/traer/cuadro/para/(vosotros)/verlo
  5 (Yo)/comprar/coche/para/familia/viajar

6 Juan/regalar/una pelota/para/hijos/jugar
7 (Yo)/hablar/para/tú/escuchar
8 (Yo)/estudiar/español/para/(yo)/viajar/Sudamérica
9 (El)/traer/su coche/para/todos/poder/ir
10 (Ellos)/comprar/entradas/para/(ellos)/ir/cine

A C T I V I D A D
24

Expresiones con subjuntivo

diga lo que diga	*no matter what he says*
esté donde esté	*no matter where it is*
pase lo que pase	*no matter what happens*
sea como sea	*no matter how*
Aprobaré el examen	*I'll pass the exam no matter*
sea como sea.	*how.*

Pase lo que Pase

Estamos a su lado, pase lo que pase en su automóvil, en
su comercio, en su industria, en su hogar o en su vida.
En Catalana Occidente estamos a su lado para ofrecerle
un servicio ágil y una atención personalizada, a través
de nuestra red de Sucursales y Agentes. Pase lo que pase.

Seguros **CATALANA OCCIDENTE**

Estamos a su lado desde 1864.

E En casa o en clase

Lee esta carta y pon los verbos en la forma correcta.

Querido Luis,
(Recibir) tu carta (hacer) una semana, pero
no (poder) (escribir) antes porque (tener)
mucho trabajo.
(Decirme) en tu carta que (tener) muchos
problemas y me (pedir) consejo, pero yo no
(saber) bien qué (aconsejarte). Yo (creer)
que (ser) mejor que (buscar) otro trabajo ya
que el que (tener) no te (gustar) y no
(ser) conveniente que (seguir) en él.
(Aconsejarte) que (mirar) los anuncios del
periódico y que (ir) a las agencias de
empleo. Ellos (ayudarte) seguramente.
El problema con tu novia (ser) distinto.
(Sugerirte) que (hablar) con ella cuanto
antes, y si (creer) que no (quererla) (ser)
mejor que (dejar) de (verla), al menos por
el momento. Dudo que se (molestar) mucho.
(Esperar) que todo (arreglarse) pronto porque
(querer) que (ser) feliz.

un abrazo,

Javier.

La carta de Actividad 25 es una respuesta a otra carta
anterior que escribió Luis.
Escribe esa carta utilizando la información que hay en la
respuesta.

Vocabulario para la próxima lección

Temas de actualidad
el medio ambiente
la ecología
el ruido
la paz
la droga
la seguridad social
el trabajo
la educación

Gramática

EL SUBJUNTIVO
Se usa con verbos y expresiones de:

consejo:	Es aconsejable que hagas un seguro.
deseo:	Quiero que seamos amigos.
esperanza:	Espero que vengas a visitarme.
molestia:	Me molesta que haya mucha gente.
duda:	Dudo que prohíban la circulación.
necesidad:	Es necesario que sea simpático.
finalidad (*purpose*):	Para que veas todo y viajes cómodamente . . .
tiempo en el futuro:	Cuando sea mayor seré bailarina.

Vocabulario

Verbos

aconsejar	*to advise*
arreglarse	*to be solved*
disculpar	*to apologise*
exigir	*to demand*
fastidiar	*to annoy*
gastar (gasolina)	*to use up (petrol)*
rechazar	*to reject*

Adjetivo

aconsejable	*advisable*

Nombres

consejo	*piece of advice*
maratón (m)	*marathon*
molestia	*nuisance, trouble*
pecho	*chest, breast*
ponencia	*paper, report (at a conference)*

Expresiones útiles

No te preocupes	*Don't worry*
¡Ojalá!	*I hope (so)*
por encima de todo	*above all*

¿ Q u é h a r í a s ?

Deseos y sueños
Entrevistas con los famosos
La Lotería

Si yo fuera presidente:
   temas de actualidad
El medio ambiente

A Los famosos

ACTIVIDAD 1

Vas a escuchar a un actor famoso. Antes, piensa en las preguntas que le quieres hacer. Trabaja con un compañero.

¿Coinciden tus preguntas con las de la entrevista? Haz una lista de las preguntas que le hacen.

ACTIVIDAD 2

Escucha otra vez e indica las respuestas:

1 a cine
   b televisión
   c teatro

   c trabajo y amigos importantes
   d trabajar deprisa

2 a Berlanga
   b Carlos Saura
   c Almodóvar
   d nadie

3 a con su familia
   b con el presidente del gobierno
   c con su novia
   d con una actriz famosa

4 a trabajo y ambición
   b trabajo y paciencia

5 a El triunfo es lo más importante en su carrera.
   b El triunfo es eterno.
   c El triunfo es temporal; no es lo más importante en la vida.
   d El triunfo es lo más importante en la vida, pero viene y se va.

6 a Su mayor deseo es
irse a trabajar a otro
país.

b No quiere ir a trabajar
a ningún otro país
nunca.

c Quiere ir a trabajar a
otro país, pero
depende del trabajo.

d Quiere ir a trabajar a
otro país si puede ir
con su familia y
amigos.

ACTIVIDAD 3

Escucha las preguntas de la entrevista con verbos en la
forma **-ría** (condicional).
Mira la página 249 de la gramática.

ACTIVIDAD 4

Estudiante A: Haz la entrevista a Estudiante B.
Utiliza las preguntas de Actividad 2.
Estudiante B: Eres actor/actriz. Puedes ayudarte con las
respuestas de Actividad 2.

Cambia.

ACTIVIDAD 5

Se utilizan las formas en **-ría** para preguntar y pedir en
situaciones formales:

¿Le importaría
¿Tendría la amabilidad de } abrir la ventana?
¿Podría
¿Podrías

ACTIVIDAD 6

Escucha los cuatro diálogos.
¿Qué preguntan?
¿Qué frase usan?
¿Dónde están?

ACTIVIDAD 7

En esta entrevista con José Coronado, un actor famoso, las preguntas han sido separadas de las repuestas. Lee y júntalas.

1 —Acaba de terminar el rodaje de su última película en un tiempo récord de dos meses, ¿se siente satisfecho con el resultado?

2 —Interpretar dos personajes diferentes en «Yo soy ésa» junto a Isabel Pantoja se ha convertido en el acontecimiento de la temporada, ¿le ha costado volver a la realidad?

3 —¿Se ha quedado con una impresión positiva de Isabel Pantoja?

4 —¿Quién es la estrella de la película?

5 —¿Aconseja a Isabel?

6 —Pero, ¿no se siente algo celoso, discriminado?

7 —¿Le han pagado menos que a Isabel Pantoja?

8 —¿No le gustaría cambiar y hacer una comedia como «Con faldas y a lo loco»?

9 —¿Y con quién trabajaría y a las órdenes de qué director?

10 —¿Trabajaría de nuevo con su mujer, Paola Bosé?

a —Sí, algunas veces. Yo le contaba lo que pensaba de mi personaje y del suyo y ella respondía perfectamente. Pasamos mucho tiempo juntos y hablábamos continuamente. La verdad es que nos hemos hecho muy amigos.

b —No me importaría. Pero no tengo puestas mis ilusiones con Paola en el trabajo. Mis ilusiones con ella las tengo en nuestra vida personal, donde realmente es importante para mí. No me gusta mezclar la familia con el trabajo. Cuando trabajo, no existe nada en el mundo. Me olvido absolutamente de mi familia, de mi hijo, de mis amigos. Pero cuando dicen «corten», los recupero inmediatamente y me olvido del trabajo.

c —Me ha sorprendido absolutamente. Sólo sabía de ella lo que salía en las revistas, la imagen que la Prensa daba de ella, de todas sus historias y su pasado. Y me he encontrado de repente con una mujer fantástica que se ha comportado como una auténtica profesional pese a ser ésta su primera película. Ha sido increíble la disciplina y la energía que ha metido dentro de ella.

d —La estrella es ella. La expectación levantada es por ella. Yo sólo soy mi protagonista particular. Pero no me importa, porque aunque sólo tuviera dos escenas estaría satisfecho. No nos engañemos, está claro que esta película estaba hecha para ella y el que vaya al cine va a ver a ella. Lo que pasa es que yo he intentado aportar todo lo que he podido y espero que la gente diga: *«Mira ese chico qué bien está.»*

e —Yo, satisfecho nunca me quedo. Siempre piensas que podía haber ido mejor, que se podría haber mejorado alguna escena. Creo que he hecho lo que he podido y, ahora, a esperar el resultado.

f —No tengo ni idea, pero seguro que sí. De todos modos, yo nunca me fijo en eso. Me importo yo, lo que cobro, cómo hago mi trabajo y cómo va a repercutir en mi carrera.

g —Me volvería loco trabajar con Robert de Niro y mucho más con Michelle Pfeiffer. La verdad es que, con ella, todo lo que quisiera. Y para dirigir, Steven Spielberg.

h —En absoluto. A mí me ha aportado muchas cosas positivas esta historia. A nivel profesional, por lo que es promoción.

i —Me encantaría. Además, ésa es mi película favorita.

j —Nunca he dejado de ser yo, sólo he interpretado. Los dos personajes que he hecho no tienen nada que ver con mi personalidad. Cada vez que rodaba me lo montaba de Jorge Olmedo o de Ramón, pero en el momento que se paraba todo, yo volvía a ser yo. No he llevado mi persona al rodaje, ni tampoco me he traído los personajes a mi casa.

¿Por qué menciona José Coronado estos nombres?

1 Isabel Pantoja
2 Jorge Olmedo
3 Ramón
4 Robert de Niro
5 Michelle Pfeiffer
6 Steven Spielberg
7 Paola Bosé

¿Cómo se describe su carácter y su personalidad?
¿Cómo describe el carácter y la personalidad de Isabel Pantoja?

Una revista preguntó a algunos famosos de España:
¿Con quién brindarías y por qué?

¿Cuál de los elegidos te interesa más?
¿Por qué?
¿Cuál de los comentarios te interesa más?
¿Por qué?

¡Atención!

brindar = *to drink a toast*
¡Salud! = *Cheers!*

Patricia Kraus
Cantante

Larry Spriggs
Jugador de baloncesto

Yo brindaría con Larry Spriggs, el jugador de baloncesto del Real Madrid. Para que ganaran la próxima liga, naturalmente.

Jesús del Pozo
Modista

Picasso
Pintor

Con Picasso, porque le admiro, porque me parece uno de los genios más grandes de este siglo. Y brindaría por que se me «pegue» algo del gran maestro.

Loquillo
Cantante

Sean Connery
Actor

Si tuviera que brindar, lo haría con Sean Connery, evidentemente. Brindaría por las mujeres, porque sin ellas la vida no tendría sentido para un hombre. Pienso que Sean Connery representa la elegancia perdida del hombre hacia la mujer y, además, ha sabido envejecer con dignidad.

Isabel Preysler
Ex mujer de Julio Iglesias

Woody Allen
Actor y director de cine

Me gustaría brindar con Woody Allen, porque es un director de cine y un actor que me gusta muchísimo.

Esperanza Roy
Actriz

Einstein
Científico

Me gustaría brindar con Einstein, porque estoy segura de que estaríamos de acuerdo para que su teoría se usara para la paz, no para la guerra.

ACTIVIDAD 9

¿Con quién brindarías tú?
¿Por qué?

Haz una encuesta en la clase.
¿Con quién brindarían tus compañeros y por qué?
¿Cuáles son los personajes y comentarios más interesantes?

ACTIVIDAD 10

Una encuesta
Contesta a estas preguntas de una encuesta. Escribe en un papel **sólo** las respuestas.
1 ¿Qué te gustaría comer ahora?
2 ¿Qué te gustaría beber ahora?
3 ¿Dónde te gustaría estar en este momento?
4 ¿Dónde te gustaría vivir?
5 ¿Dónde te gustaría ir de vacaciones?
6 ¿Qué libro te gustaría leer ahora?
7 ¿Qué película te gustaría ver?
8 ¿Qué música te gustaría oír ahora?
9 ¿Qué trabajo te gustaría tener?
10 ¿Qué te gustaría tener que no tienes?

Comparad las respuestas de toda la clase.
¿Coincidís en alguna?

B ¿Qué harías . . . ?

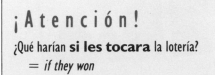

Escucha a estas personas.
¿Qué harían si les tocara la lotería?
Indica en el cuadro lo que dicen.

¡Atención!

¿Qué harían **si les tocara** la lotería?
= *if they won*

	casa	tipo de vida	trabajo	coche	nada
María					
Mari Mar					
María Jesús					
Javier					

Escucha otra vez y añade otros detalles si los hay.

¿Qué harías si te tocara la lotería?

Mira el dibujo y escribe una lista.
Usa estos verbos:

comprar	vivir
tomar	tener
viajar	

Inventa más.

Rellena el cuadro de Actividad 11 con la información de
unos compañeros y la tuya.

Escribe un párrafo sobre lo que haría cada persona del cuadro de la Actividad 11.

Empieza:
Si le tocara la lotería a María Jesús . . .

Lee el artículo y escribe la información.

¡Atención!

repartir = *to share*

Supercartera16
EL JUEGO DE LA BOLSA DE cambio

Cuatro acertantes se repartieron el millón de pesetas

Un viaje a Palma de Mallorca y la compra de una moto serán algunos de los deseos que verán cumplidos los cuatro acertantes de esta semana.

EL premio de la pasada semana fue el más concurrido desde que comenzó Supercartera 16. El millón de pesetas se repartirá entre cuatro tarjetas acertantes: las pertenecientes a *José Antonio García Moure,* de veinticinco años, residente en Santiago de Compostela; la de *Isidro Díaz-Bustamante Ventisca;* la de *Rafael de la Torre Martín* y la compartida por los hermanos *Francisco Javier* y *Pablo Moreno Fernández.*

Isidro Díaz-Bustamante, ganadero, natural de Santander pero afincado en Jerez de la Frontera (Cádiz) desde hace casi quince años, casado y con una hija de veinte, comprobó varias veces la tar-

jeta hasta convencerse de que era uno de los premiados: «No podía creérmelo y todavía no sé lo que haré con el dinero. Gastármelo, desde luego, y posiblemente viajar a Palma de Mallorca o algún lugar dentro de España.»

La tarjeta de *Rafael de la Torre Martín,* cuarenta y cuatro años, delegado comercial de la empresa de insecticidas Cooper Zeltia, llevaba perdida algún tiempo. «*Tenía los números apuntados en un papel, pero no me atrevía a comprobarlos por si acaso me tocaba y no podía cobrar el premio. Apareció el domingo, de repente, y cuando miré el resultado tuve que ir a tomar algo para*

tranquilizarme: había sumado y restado tantas veces los números que ya no sabía qué cifra era la ganadora.» Su mujer y sus tres hijas ya están haciendo planes para gastar el dinero.

Francisco Javier Moreno Fernández, de dieciocho años, y su hermano *Pablo,* de diecisiete, fueron los últimos en llamar. Hijos de un ingeniero industrial y residentes en el madrileño Parque de las Avenidas, miraban todos los días sus cinco tarjetas con las que juegan a medias.

Con el premio piensan comprarse una moto, que también compartirán, o hacer algún viaje. ■

	edad	profesión	familia	¿Qué hará con el dinero?
José Antonio				
Isidro				
Rafael				
Francisco y Pablo				

¿Por qué estaba Rafael de la Torre muy preocupado?

C ¿... si fueras alcalde?

Cuatro personas contestan a estas preguntas:
1 ¿Qué harías si fueras alcalde/alcaldesa *(mayor)* de tu ciudad?
2 ¿Qué harías si fueras primer ministro/primera ministra para mejorar la situación de tu país?

Escucha y escribe la información.

	María Jesús	Mari Mar	Rosa	Javier
nada				
limpieza y medio ambiente				
violencia				
paz				
droga				
trabajo				
seguridad social				
educación				
transporte/carreteras				

Escucha otra vez y añade más detalles.

¡Atención!

medio ambiente = *environment*
si fueras = *if you were*
si fuera = *if I were*

ACTIVIDAD 16

Escribe un párrafo sobre las respuestas de una de las personas.

Empieza:
Si fuera alcalde/alcaldesa Mari Mar, . . .

ACTIVIDAD 17

¿Qué harías tú?

Empieza:
Si yo fuera primer ministro/primera ministra, . . .

Haced una lista de las cosas que haríais.
Mezclad los papeles.
Discutidlas en grupos.

ACTIVIDAD 18

El subjuntivo imperfecto

¿Qué harías si te to**cara** la lotería?
Si me to**cara** la lotería compraría una casa.

¿Qué harías si **fueras** primer ministro?
Si **fuera** primer ministro cambiaría el sistema de impuestos.

Si + imperfecto de subjuntivo + forma en **-ría** (condicional)

El pretérito imperfecto de subjuntivo se forma a partir del pretérito indefinido indicativo.

Ejemplos:		
comprar	(compraron)	comprara
comer	(comieron)	comiera
dar	(dieron)	diera
tener	(tuvieron)	tuviera

Busca los verbos irregulares en el pretérito indefinido (Lección 1, página 20) y forma el subjuntivo imperfecto.

> **¡Atención!**
>
> fuera = ser (irregular) + ir

ACTIVIDAD 19

Jaca está en el noreste de España, en el Pirineo aragonés. Es un centro turístico de deportes de invierno. Es también el centro de una zona de gran riqueza ecológica.
Jaca decidió presentarse como candidata para los próximos Juegos Olímpicos de Invierno.

Trabaja con un compañero.
Decidid los "pros" y los "contras"
para la celebración de los Juegos en Jaca.

Pros   Contras
La ciudad tendría más turistas.

Ahora leed los "Pros" y los "Contras" aparecidos en un periódico local.
Comparad con vuestra lista.

Los pros

- Nacería una completa red de comunicaciones con todo el entorno

- El nombre de Jaca sonaría en el mundo. El turismo se volcaría en la región

- El deporte es cultura. Socialmente, su interés mejoraría la educación

- El flujo comercial aumentaría en toda la Comunidad Autónoma

Los contras

- Las carreteras cambiarían el actual aspecto del territorio

- Desde la misma promoción, se invierte una gran cantidad de dinero

- ¿Serán rentables las instalaciones después de los Juegos Olímpicos?

- Jaca se podría convertir en un peligroso macrocentro económico

ACTIVIDAD 20

Estudiante A: Tú estás a favor de que los Juegos se celebren en Jaca.
Estudiante B: Tú estás en contra.

Formad grupos de Estudiantes A y Estudiantes B para discutir vuestras opiniones.
Empezad el debate.

D En casa o en clase

Lee el test.

TEST

Una Cena con el Presidente

Imagínate por un momento que el presidente de los Estados Unidos te invita a cenar esta noche en su hogar, la Casa Blanca. Ya sé que es una fantasía, pero las fantasías nos pueden llevar a conclusiones que tienen que ver con la realidad. Piensa sobre cuál debería ser tu actitud y contesta lo que realmente crees que pasaría: tal vez descubras algo de ti mismo/a.

1 Para empezar, ¿cómo te vestirías para la ocasión?

a Con cazadora y pantalones vaqueros, botas, y camisa a cuadros.

b Normal, tal y como vas siempre. Manifiestamente renunciarías a la corbata (si eres hombre).

c Te pondrías de gala, pues la ocasión lo merece. Esmoquin o traje largo con joyas.

2 Ya que te invitan a cenar, ¿qué llevarías como cortesía?

a Una botella del mejor bourbon.

b Una botella del mejor cava o vino español.

c Una botella del mejor champán francés, o coñac auténtico.

3 ¿Cómo crees que te dirigirías al presidente?

a Le llamarías "Presidente X" la primera vez y luego irías alternando fórmulas.

b Le llamarías "Señor X" desde el principio hasta el final.

c Le llamarías "Señor presidente" constantemente.

4 En fin, ya que lo tienes delante. ¿Qué le pedirías?

a Un enchufe, un sueldo grande, un rancho en Texas con su pozo de petróleo.

b Que desmantele su Ejército, renuncie a su crédito con los países pobres y ayude económicamente a quien lo necesite. Y que respete la cultura.

c Una foto dedicada en la que salgáis juntos.

5 La pregunta personal e íntima que le haría sería . . .

a ¿Cómo consigue ese increíble atractivo?

b ¿Cómo consigue mantener constantemente esa sonrisa, mientras todo el mundo depende de él?

c ¿Cómo le llamaba su mamá de pequeñito?

6 Algo tendrás que agradecerle . . .

a Que se mantenga firme en la defensa de los valores de Occidente.

b Que no reforme la Constitución americana.

c Que sepa mostrarse como una persona jovial y simpática con todo el mundo.

¡Atención!

esmoquin = *dinner jacket*

ponerse de gala = *to dress very smartly*

un enchufe = *(in this case) a useful contact who can help you get a good job, etc.*

un pozo de petróleo = *an oil well*

la prensa del corazón = *the romantic press*

MAYORÍA DE RESPUESTAS C:
Tienes tendencia a la superficialidad. Te encanta hacer comedia. Tu vocación frustrada sería aparecer en la prensa del corazón.

situación para llevar a cabo tu mitin particular. Te falta sentido del humor.

RESULTADO

MAYORÍA DE RESPUESTAS A:
De tus respuestas se deduce que siempre has sido un oportunista. Tu mentalidad es eminentemente práctica.

MAYORÍA DE RESPUESTAS B:
Eres un idealista. Utilizarías esta

Vocabulario para la próxima lección

Así es Guatemala
las ruinas coloniales
los trajes tradicionales
los tejidos
los tapices
las leyendas de la mitología maya
el altiplano
las vistas

Gramática

FORMAS EN **-ría** (CONDICIONAL)

cenar
comer
vivir
$\begin{cases} \text{-ía} \\ \text{-ías} \\ \text{-ía} \\ \text{-íamos} \\ \text{-íais} \\ \text{-ían} \end{cases}$

Nota: La forma **-ría** tiene la misma raíz que el futuro:

comer   (comer**é**)   comer**ía**

Esta información te ayuda sobre todo con los verbos irregulares:

querer   (querr**é**)   querr**ía**
poder   (podr**é**)   podr**ía**

EL SUBJUNTIVO IMPERFECTO
El subjuntivo imperfecto se forma con la raíz del pretérito indefinido (3ª persona plural).

Verbos regulares:

trabajar:	trabaj	-ara	-aras	-ara	-áramos	-arais	-aran
comer:	com	-iera	-ieras	-iera	-iéramos	-ierais	-ieran
vivir:	viv	-iera	-icras	-iera	-iéramos	-ierais	-ieran

Verbos irregulares:

querer:	quis	-iera	-ieras	-iera	-iéramos	-ierais	-ieran
tener:	tuv	-iera	-ieras	-iera	-iéramos	-ierais	-ieran
ser:	fu	-era	-eras	-era	-éramos	-erais	-eran

Vocabulario

Verbos

afincarse	to settle, to live
aportar	to contribute
brindar	to drink a toast
cobrar	to get paid
compartir	to share, to divide up
comportarse	to behave
disponer de	to have, to own
engañar	to deceive, to cheat
engañarse	to deceive oneself
ensayar	to test, try out; to rehearse
estrechar (la mano)	to shake hands
exponer	to expose; to expound
fijarse (en)	to notice
repartir	to share out, to distribute
restar	to remain, to be left
rodar	to shoot (a film)
soñar	to dream

Adjetivos

celoso/a	jealous
temporal	temporary

Nombres

águila	eagle
acertante (m/f)	winner in lottery or football pools
acontecimiento	event
antepasado	ancestor
barbacoa	barbecue
bodega	wine cellar
bombero	fireman
canto	singing
cartel (m)	poster, placard
castor (m)	beaver
cazadora	leather jacket (lit: hunting jacket)
cifra	figure, number, quantity
discurso	speech
encanto	charm, enchantment
folio	sheet (of paper)
ganadero	stockbreeder, cattle dealer
loro	parrot
papel (m)	part, rôle (in a film or play)
patinador(a)	skater
pavo	turkey
pavo real	peacock
perro lobo	alsatian
personaje (m)	character (in a film or book)
rodaje (m)	shooting (of a film)
sueño	dream
topo	mole
temporada	time, period, season
vaqueros (m pl)	jeans

Expresiones útiles

a gusto	at ease, content
de todos modos	at any rate, anyway
en absoluto	not at all
en seguida	straight away
pese a	despite
por si acaso	(just) in case

catorce

Repaso

A De viaje

¿Qué sabes de Guatemala?

Debajo: la exu-
berancia de-
corativa de un
detalle de la fa-
chada de la igle-
sia del Carmen.

Una mujer india observa un grupo de máscaras de madera pintada en el mercado de Chichicastenango.

Vas a escuchar a Gloria hablando de Guatemala, donde vive.

¿Cómo es Guatemala?

Antes de escuchar, contesta y compara con un compañero.

1 Llueve
  a durante seis meses.
  b muy poco.
  c durante todo el año.

2 Hace
  a mucho calor.
  b ni mucho calor ni mucho frío.
  c mucho frío.

3 a Hay muchos ríos pero no muchos lagos.
  b Hay muchos ríos y muchos lagos.
  c No hay muchos lagos ni ríos.

4 Las mejores playas están
  a en el sur del país.
  b cerca de la ciudad.
  c lejos de la ciudad.

5 La capital ha sufrido
  a tormentas.
  b terremotos.
  c inundaciones.

6 La población del país es
  a 9 millones.
  b 18 millones.
  c 27 millones.

7 a 10%
  b 25%
  c 50%
  de la población vive en la capital.

8 a 25%
  b 50%
  c 75%
  de la población de Guatemala es indígena.

9 Guatemala es famosa por
  a su fiesta del Año Nuevo.
  b su fiesta de Navidad.
  c las procesiones de Semana Santa.

10 En los pueblos la gente indígena normalmente habla
  a castellano.
  b castellano y un dialecto.
  c un dialecto.

ACTIVIDAD 2

Ahora escucha a Gloria y comprueba tus respuestas.

Lee el texto sobre Guatemala.
Hay más información sobre el clima, los Mayas, las tradiciones, los mercados y la ciudad de Antigua.

CLIMA

Guatemala es conocida como «la tierra de la eterna primavera» porque goza de una temperatura constante superior a los 20 grados.

ANTIGUA

Fundada en 1543, Antigua fue la capital de Guatemala hasta 1773, cuando fue destruida por un terremoto. Es muy interesante la visita a las ruinas coloniales.

Compras. La artesanía textil tiene una serie de variados diseños que caracterizan a cada una de las localidades que los fabrican. Piezas de vestir y tapices para colgar en las paredes son las compras más típicas.

CHICHICASTENANGO

La ciudad se encuentra a 2000 metros de altura, en el corazón del altiplano del Quiché. Normalmente tranquila, Chichicastenango se llena de animación los días que hay mercado (jueves y domingo) cuando cerca de 20.000 indios que viven en las colinas circundantes se dirigen a la ciudad a vender sus productos, especialmente tejidos y cerámicas. El mercado del domingo es el más animado, con indios que van vestidos con los trajes tradicionales y que bailan la marimba. El lugar está muy maleado por el turismo y resulta muy difícil comprar a buen precio.

En los mercados indígenas de Guatemala, como el de Chichicastenango, se obtienen piezas textiles típicas.

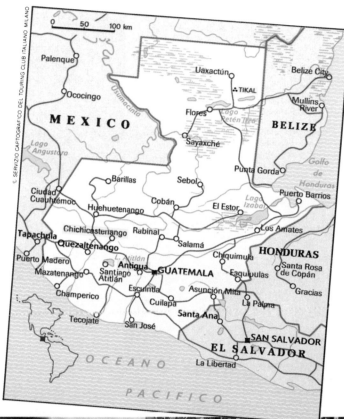

TIKAL

El majestuoso conjunto de ruinas mayas comprende templos y edificios públicos que van desde los siglos V al X. Además de las ruinas, Tikal es un lugar espléndido para observar animales, pájaros y flora.

Es durante los días de la Semana Santa que los barrios de Antigua, antaño la capital de Guatemala, se transforman en un gigantesco escenario teatral al aire libre. Grandes, maravillosas y coloridas procesiones convierten entonces esta milenaria ciudad en el centro de atención de los turistas.

¿Has leído toda la información de Guatemala?
¿Quieres ir? ¿Cuándo?
¿Por qué? ¿Qué te interesa más?

Si quieres obtener información similar de México y Colombia, escucha a Javier y a Natalia.

En grupos de tres o cuatro hablad de vuestro país o región, o de un país que habéis visitado.

5

Escribe una carta a Gloria hablándole de tu país o región. Compáralo con Guatemala.

Empieza:

Querida Gloria,
Me ha interesado mucho lo que me cuenta de su país. Guatemala es un lugar muy interesante y me gustaría contarle algo del mío. El clima ....
Mi país es .... La época mejor para visitar es ....
las tradiciones .... la comida típica ....
.... de ....
Celebramos las fiestas de ....
los productos típicos que puede comprar ....

Las vacaciones
Los españoles tienen algunas fiestas que caen en jueves. Mucha gente toma también el viernes como "puente" o fiesta del fin de semana.

Lee la historia de Félix y Susana.
¿Cuáles eran sus planes y qué pasó en realidad?
Completa la lista.

Puente, maldito puente

Desventuras de una familia en busca de un largo fin de semana

J.A.

Lo habían calculado todo al milímetro. A las 5.15 sonaría el despertador. Un cuarto de hora después, Félix y Susana estarían lavados, peinados y vestidos. Y mientras él bajaba el equipaje al coche, su mujer tenía que preparar el desayuno de los niños y guardarlo en un termo. A las 5.45 él cogería en brazos a la niña (Elena, cinco años) y ella al niño (Álvaro, 15 meses), y tras enrollarlos en sendas mantas los bajarían dormidos. A las 6.00 se pondrían de camino hacia Alicante para pasar el puente del 1 de mayo. Era un plan perfecto. "A esa hora no habrá nadie en la carretera y a las 10.30 estamos en el hotel de San Juan", comentó la noche anterior Félix.

Pero una cosa son los planes y otra, muy distinta, la realidad. Para empezar, los niños se despertaron en el mismo ascensor. Lo que sí consiguieron fue salir a las 6.00, según lo previsto. Aunque otros muchos miles de madrileños habían hecho el mismo esfuerzo y ya en la M-30 empe-

Imagen habitual en una salida de puente madrileño.

EL PAÍS

zaron a sospechar que el viaje no sería un camino de rosas.

Nada más salir a la autovía de Ocaña se confirmaron los malos presagios. Antes de cinco kilómetros ya estaban parados. Era la caravana. Poco a poco, la larga fila de coches con matrícula de Madrid conseguía alejarse de la capital, camino del deseado descanso. A las 7.00, el coche de la familia González llegaba a Ocaña. "No está mal", comentó Susana con cierto optimismo. "Que no está mal", replicó Félix, "hemos hecho 50 kilómetros en una hora. Si seguimos así, tardaremos más de ocho horas en llegar".

Planes		La realidad
5.15	Levantarse	
5.30	Preparados Félix y Susana	
5.30	El	
	Ella	
5.45		
6.00		
10.30		

¿Qué significan estas palabras y frases?
Busca la traducción adecuada.

1 ponerse de camino   a *a jam*
2 según lo previsto   b *car registration*
3 una autovía   c *to set off*
4 presagio   d *as planned*
5 una caravana   e *a main road*
6 matrícula   f *omen*

ACTIVIDAD 7

Escucha a Gloria hablando de su viaje a Valencia.
  ¿Qué problemas sufrieron durante el viaje?
Compara con un compañero.

ACTIVIDAD 8

Lee este folleto de una agencia de viajes que hace
propaganda sobre Londres.

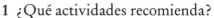

En Londres, la capital cosmopolita de Europa, usted se encontrará mejor que en su casa.
¿Le gusta el teatro, entonces disfrútelo a sus anchas. ¿Le gustan los monumentos?, podrá ver todos los que ya conoce y muchos más. Los verdes parques serán el recuerdo imborrable de su viaje.
Permítase la locura de decir un discurso en SPEAKERS CORNER, siempre habrá alguien que lo escuche. Después disfrutará contándolo.
Hay mucho que ver en Londres, mucho que vivir, hay mucho que disfrutar, incluso que comprar.
¿Aún no se decidió a viajar a Londres? A mucha gente le gusta ir de compras, pasear por Oxford Street, recorrer todos sus escaparates. Pero Londres no es sólo compras, es mucho más.
Atrévase a bañar sus pies en la fuente de Trafalgar Square Es un hermoso espectáculo ver el cambio de la Guardia del Palacio Real. Seguro que le apetece asistir a un programa en directo de la BBC Televisión, aunque no se entere de nada. No le dé miedo el idioma, en unos días aprenderá a decir algo más que Yes... o Good morning, etc. No se detenga, salga a las afueras, visite los alrededores, hay excursiones que le llevarán más lejos aún. ¿No le apetece montarse en el tren?, son como los de las películas... y ¿llamar por teléfono?
Páselo en grande. Londres es una ciudad para gente joven de cualquier edad.

1 ¿Qué actividades recomienda?
2 ¿Qué lugares recomienda?
3 ¿Qué dicen sobre el idioma?
4 ¿Cómo son los trenes, según el texto?
5 ¿Para qué edad se recomienda Londres?

6 Señala los subjuntivos del texto y di a qué verbo
corresponden.
7 Haz una lista de los futuros.
8 Busca en el texto los sinónimos de:
  estará   ir
  inolvidable   con entera libertad
  pasarlo bien   no comprender

B De compras

ACTIVIDAD 9

¿En qué gastas tu dinero?
En España en Navidad los trabajadores cobran una "paga extra".
¿En qué se la gastan?

Tirar la Paga por la Ventana

Luis Costanilla. 29 años. Casado. Empleado de artes gráficas.

Pues este año me voy a ir a Andorra a comprarme un vídeo, a «regalármelo» por Navidades. Y nada más, la paga extra no me llega para otras cosas. El año pasado me compré el coche y la paga me ayudó a pagarlo, y el anterior me compré una televisión en color de segunda mano. Y nada más, porque antes trabajaba en plan libre y no tenía pagas extras.

Luisa Garay. 48 años. Viuda, una hija de 19 años. Funcionaria.

Este año me la voy a gastar en pagar una letra del piso. El resto, que será muy poco, en regalos para mi hija. En la cena de Navidad no gasto mucho porque la hago yo misma. No compro turrón, pero sí mucho mazapán, ¡en mi casa nos encanta!

Javier Medina. 56 años. Soltero. Conserje.

Suelo comprar lotería de Navidad, unas quince mil pesetas, más o menos. Después guardo algo para comprar en las rebajas de enero, porque yo sólo compro en las rebajas, aunque me quede sin pañuelos o sin camisas que ponerme. También procuro comprar cosas de comer que no tomo durante el resto del año: cigalas, crustáceos, angulas... En cuanto cobro la paga ya empiezo a comer bien...

Juan Carlos Caballeros. 22 años. Soltero. Creativo «junior» en una agencia de publicidad.

La verdad es que me la gasto siempre por anticipado, este año pedí un adelanto en octubre para comprarme la moto... El año pasado me la gasté prácticamente en comida y en copas, porque estaba en la *mili* y fue todo en plan derroche, en salir por ahí...

Ana García. 23 años. Soltera. Secretaria en una multinacional dedicada a la venta de ordenadores.

Normalmente me la gasto en una semana de esquí. Este año creo que me voy a ir a Sierra Nevada. En fin, todavía me da la paga extra para pasar unos días en la nieve y puedo incluso quedarme con algo para los próximos meses si vamos en coche y pagamos el viaje entre tres o cuatro.

Angela Samblas. 20 años. Soltera. Dependienta en unos grandes almacenes.

En pagar todas mis deudas de una vez. A mi madre le debo más de la mitad de lo que me van a dar en Navidades, y a un amigo mío, veinticinco mil pesetas. Odio endeudarme, pero me administro fatal. Por fin, en enero voy a poder empezar el año sin deber ni un céntimo a nadie.

¿Y TU QUE?

Nos interesa tu opinión sobre este tema. Escribe a DUNIA-Redacción, calle Marqués de Villamagna, 4, 28001, Madrid.

¿Quién es? ¿Quiénes son?
1 Quiere ganar más dinero con la paga extra.
¿Cómo?
2 La gasta antes de recibirla.
¿En qué?
3 Ha recibido sólo tres pagas extras.
¿Por qué?
4 Le queda muy poco para regalos.
¿Por qué?
5 Devuelve dinero a los que le han ayudado.
¿Por qué está en esta situación?
6 Utiliza la paga para pasar unos días de vacaciones.
¿Cómo viaja?

Vocabulario
Busca la palabra adecuada.

1 una deuda
2 un adelanto
3 gastar
4 administrarse
5 una letra
6 guardar

a Tengo que pagar una cada mes durante 30 meses para comprar mi coche.
b organizar y manejar mi dinero
c Pido uno si me quedo sin dinero antes de cobrar.
d lo que hago con mi dinero cada vez que me voy de compras
e Un amigo me prestó dinero el mes pasado. Se lo voy a devolver.
f lo contrario de "gastar"

ACTIVIDAD 10
Tienes la suerte de trabajar en España y ganar la paga extra de Navidad. ¿En qué la gastas?
Escribe un párrafo corto.
Compara con tus compañeros.

ACTIVIDAD 11
¿Y tú qué?
La revista te invita a escribir con tu opinión sobre el mismo tema.
Escribe.

C Los medios de comunicación

ACTIVIDAD 12
Lee la lista de tipos de revistas y periódicos e indica la revista o periódico a que corresponde cada tipo.

1 Dunia
2 Super Pop
3 El País
4 Gente Ce
5 Muy Interesante
6 El Periódico
7 ¡Hola!
8 Nuestra salud

a Periódico nacional serio
b Revista de tecnología
c Revista de música pop
d Revista de la salud
e Revista popular y seria
  para las mujeres
f Revista para adolescentes
g Periódico popular
h Revista de
  personalidades y
  famosos (del corazón)

ACTIVIDAD 13

¿Tenías razón?
Escucha a Rosa hablando de las
revistas y los periódicos
en España.

Formad grupos y hablad de la prensa en vuestro(s) país(es).
Comparadla con la de España.
Comparad con otros grupos.

Los errores de la prensa
Lee estas dos noticias.

¿Cuáles son los errores?

Vean este pequeño anuncio aparecido en un periódico canario (14-II-91): «Se vende en La Laguna vivienda 4 dormitorios, 2 baños, etc. Entrega inmediata. Contado: 3.800.000 ptas. Hipoteca: 15.000 años.»
Quince mil años de hipoteca es una generosidad sin precedentes.

Un diario catalán decía: «Zaragoza tendrá 90.000 habitantes el año 2000, según el plan municipal. Actualmente su población es de 571.000 habitantes.»
Lo que no decía es cómo se las va a arreglar el Municipio zaragozano para hacer desaparecer nada menos que a 481.000 habitantes en ese plazo.

¡Atención!

una hipoteca = *a mortgage*

Lee estas cartas de opinión.

Bueno, me presento: soy una niña de 10 años y me llamo Aránzazu. Felicito a todos los miembros del *Pequeño País* porque han hecho una vida más agradable para los niños.
Bueno, la verdad es escribo para mantener correspondencia, si me ponen en El Desván, con niños/as de 8 a 9.550; más años no, porque si no serían demasiado aburridos y un poco viejos. Bueno; ¡ah!, por favor, prefiero que los chicos no se corten porque si no me ponen dos letras y ya. **Aránzazu Moreno Blázquez.** Azorín, 36, 2º B. Alicante.

A los amigos de los perros, y también a los que no son tan amigos, sería bueno recomendarles que leyesen el artículo de Antonio Gala publicado el pasado domingo día 22 de julio. Creo que les haría comprender un poco más que hay una gran responsabilidad al adquirir un animal que va a compartir contigo muchas horas y a darte su cariño, porque no es simplemente un mero capricho de unos pocos meses o de unos pocos días. *Él también tiene una vida, no lo abandonéis.*
MARÍA JOSEFA RODRÍGUEZ
Madrid

Publicidad sexista. Los y las abajo firmantes, profesores, profesoras y estudiantes del Instituto de Bachillerato Juan Sebastián Elcano de Cartagena, queremos manifestar nuestra más enérgica protesta por el anuncio aparecido en diversos medios de comunicación, y en particular en el suplemento número 2 de *El País Semanal* (2-3 de marzo de 1991), de la firma comercial Mango, donde aparece la fotografía de una mujer atravesada por el rótulo: "En venta". En él se utiliza el cuerpo de la mujer como reclamo publicitario, y entendemos que esto es una actitud claramente sexista y una agresión a la dignidad de las mujeres.
Exigimos que anuncios como éste desaparezcan de la publicidad.
CARMEN USERO y 206 firmas más
Cartagena

Cine cómico

✉ Quisiera pedir a los distintos canales de televisión que emitieran más de aquellas maravillosas películas de cine cómico.

Carmen Manglano (Madrid)

Música, por favor. Hola. Soy un niño de 11 años, y me gusta mucho la música. Creo que la música es una cosa muy bonita, y yo no digo que pongáis algo de música todas las semanas, pero al menos una vez al mes.

También quería decir que teníais que seguir poniendo reportajes que poníais antes en la portada. / **Jaime Tello García.**

PELICULAS PARA NO DORMIR

Soy una gran aficionada al cine y me gusta, como es lógico, ver las películas que merecen la pena, que transmite TVE, pero muchas veces me encuentro que tengo que escoger entre no ver la película o exponerme al día siguiente a ir a mi trabajo sonámbula por falta de sueño. ¿Por qué televisión española no sigue el ejemplo de las televisiones europeas que transmiten sus mejores películas alrededor de las 8.30 y no a altas horas de la noche? Ya sé que mucha gente soluciona el problema a base de grabarlas en vídeo para verlas a una hora más lógica, pero no todos tenemos video ni me parece que haya que recurrir a esta solución para ver buen cine sin jugarse las mejores horas de sueño. Desde *Cartas a TELVA* lanzo esta petición que no dudo apoyarían muchas personas en circunstancias parecidas a la mía. ¡Queremos buenas películas y buenos horarios!

ELVIRA MONTERO
(MADRID)

¿Qué tipo de carta es cada una?

petición   sugerencia   queja   felicitación

Da más información para cada carta.

ACTIVIDAD 17

En grupos de cuatro o cinco, cada uno escribe una carta diferente (de petición, sugerencia etc.) a un periódico o la radio.

D Opiniones

ACTIVIDAD 18

Cada mes la revista Dunia llama a un famoso y le pregunta las mismas cosas. Este mes llaman a Víctor Manuel, un cantante famoso.

Lee las preguntas y sus respuestas.

¡Atención!

lo que más me molesta = *what bothers/ upsets me most*

lo que más me divierte = *what I enjoy most*

¿Dónde le gustaría vivir?	*Donde vivo. Si no, al lado del mar.*
¿Qué es para usted la felicidad?	*No sé muy bien. La felicidad hay que buscarla.*
¿Cuál es la mayor desgracia que podría ocurrirle?	*Estar solo en el mundo. Ser un niño huérfano.*
¿Qué es lo que más le molesta en un hombre?	*La prepotencia.*
¿Qué es lo que más le molesta en una mujer?	*No sé.*
¿Cuál es su principal virtud?	*La paciencia.*
¿Cuál es su mayor defecto?	*No terminar las cosas.*
¿Qué es lo que más le divierte?	*Estar con mis hijos.*
¿Qué o quién le hubiera gustado ser?	*Lo que soy.*
¿Cuál es su escritor favorito?	*Cervantes.*
¿Cuál es su pintor favorito?	*Francis Bacon.*
¿Cuál es su músico favorito?	*Bach.*
¿Cuál es su color preferido?	*El verde.*
¿Le tiene miedo a algo?	*No. Bueno, al dolor, si acaso.*
¿Qué lleva en los bolsillos?	*Ahora mismo, un papelillo. Normalmente, dinero.*
¿Tiene alguna manía?	*No.*
¿De qué o quién está enamorado?	*Del trabajo, de mi familia . . .*
¿De qué se arrepiente?	*De no haber nacido ahora. Mañana . . . , incluso.*
¿Qué se llevaría a una isla desierta?	*Amigos, discos, libros . . .*
¿Cómo le gustaría morir?	*Durmiendo.*

Comprueba el vocabulario.

Ahora haz las mismas preguntas a un compañero.
Cambia la forma de formal a informal.

Ejemplo: ¿Dónde te gustaría vivir?

Cambia.
Comparad vuestras respuestas.
Comparad con otras parejas.
Incluid: "Lo que más . . ."
            "Lo que menos . . ."

Escribe un párrafo sobre Víctor Manuel utilizando la
información en Actividad 18.

María Jesús opina sobre los temas siguientes.

Antes de escuchar, lee lo siguiente; trabaja con un compañero y adivina sus opiniones y otros detalles de lo que dice.
Termina las frases.

1 la juventud:
"hay dos tipos de juventud . . ." ¿Cuáles son?
2 la situación de la mujer familiar y profesionalmente:
"antes las mujeres estaban hechas para . . ."
3 la diferencia de salarios entre mujeres y hombres:
"si alguien cumple con su trabajo . . ."
4 el medio ambiente en su país:
"no nos damos cuenta pero si seguimos así . . ."
5 los incendios forestales:
"cada vez que oyes, lees o ves la televisión piensas que . . ."
"también es culpa de . . ."
6 las drogas:
"estoy bastante . . ."
7 el tabaco:
"yo como fumadora pienso que . . ."
8 el servicio militar (la mili):
"pienso que tenía que ser . . ."

Escucha. ¿Coincidís?

¿Qué más información hay? Escucha otra vez.

Ahora escucha las opiniones de Natalia, que es colombiana, sobre algunos de estos temas. Compáralas con las de María Jesús.

¿Qué opinas tú?
Discute los mismos temas con un grupo de compañeros.

E En casa o en clase

Pedro Almodóvar es un director de cine español. Escucha este trozo de un programa de radio sobre una película de Almodóvar. Se llama "Tacones Lejanos".

Lee este artículo sobre Almodóvar.

¿Qué información hay en el texto y en el programa?

¿Qué información hay en el programa que no hay en el texto?

¿Qué información hay en el texto que no hay en el programa?

LA PELÍCULA

Tacones lejanos es un duelo entre las dos protagonistas, Marisa Paredes y Victoria Abril, que interpretan a una madre y a una hija. La película cuenta, básicamente, la relación compleja y llena de dolor de estos dos personajes. Para apoyar la narración, aparece un tercer personaje, Miguel Bosé, que interpreta el papel de un juez que está investigando un caso de asesinato. A través de su investigación nos vamos introduciendo en el mundo de ambas mujeres.

Se trata de una historia muy entretenida, en el sentido de que pasan muchas cosas, y muchas de ellas tremendas, pero el tono es más de melodrama duro que de comedia. La película, aunque yo siempre meto humor por donde puedo, va más por mi lado duro que por el jocoso. En cualquier caso, *Tacones lejanos* depende de los actores. Como los actores no estén brillantes, la película se viene abajo.

Vocabulario

Verbos

arrepentirse de	*to regret*
enterarse (de)	*to find out (about)*
gozar	*to enjoy, have, possess*
malear	*to spoil, damage*

Adjetivos

cariñoso/a	*affectionate*
imborrable	*unforgettable*
lejano/a	*distant*

Nombres

adelanto	*an advance (salary)*
cariño	*affection*
castellano	*Castilian*
deuda	*debt*
diseño	*design*
fumador(a)	*smoker*
juez (m/f)	*judge*
letra	*hire-purchase instalment*
tacón (m)	*heel (of a shoe)*

Expresión útil

al revés	*on the contrary, the other way round*

E s t u d i a n t e   B

Lección 1

El test de Super-Pop

1. a) 3	b) 6	c) 1
2. a) 1	b) 6	c) 3
3. a) 6	b) 1	c) 3
4. a) 6	b) 3	c) 1

5. a) 6	b) 3	c) 1
6. a) 1	b) 3	c) 6
7. a) 1	b) 3	c) 6
8. a) 6	b) 1	c) 3

RESULTADOS

De 8 a 21 puntos:

No te voy a descubrir nada si te digo que lo tuyo es decir aquí estoy yo y que se quiten los demás. Te gusta que se fijen en ti siempre y en todo lugar, que alucinen con tu porte y tu forma de ser, y eso está pero que muy bien, genial. Cuidado, sin embargo, en no chafar a los demás en tu empeño, ¿de acuerdo?

De 22 a 34 puntos:

Que con los que vas a salir van de «enteraos» y a la última, tú te pones mejor que ellos. Que hoy, sin embargo, has quedado con el/la buenazo/a de fulanito, tú más buenazo/a aún. Te amoldas a lo que venga, sabes encontrar el punto justo para no desentonar allí donde estés moviéndote y esa es una cualidad impagable. Cultívala.

De 35 a 48 puntos:

Tú exiges tanto de ti mismo/a que necesitas que sean otros los que te estén empujando continuamente para que tu modestia y buenas intenciones no pasen desapercibidas por este mundo lleno de «listos y espabilados». Desde luego que hay poca gente así. Poca y excelente. Mi consejo, de todas formas, es que no te pierdas por las ramas y pises con los pies en el suelo de vez en cuando, ¿hace?

Lección 4

Estudiante B: Eres mecánico/a.
Estudiante A está de vacaciones y tiene problemas con su coche.
Pide información:
   ¿Qué le pasa al coche?
   ¿Qué hay que hacer?
   ¿Se puede solucionar?
   ¿Hay dificultades? (No tienes la pieza necesaria, tu ayudante está enfermo, necesita mucho trabajo, etc.).

Cambia: Ahora tú estás de vacaciones. Estudiante A es el/la mecánico/a.

16

1 Estás en la puerta del teatro. Tienes dos entradas para una obra muy popular. Las compraste hace dos meses. Hace una hora que esperas a tu amigo/a. Acaba de llegar. Estás muy enfadado/a.
Discusión: ¿Por qué ha llegado tan tarde? No tienes ganas de hacer otra cosa. Quieres volver a casa.

2 Vas a ir de vacaciones con tu amigo/a. Yendo hacia la estación te das cuenta que has dejado los billetes en casa. Vuelves a recogerlos. Tomas un taxi para no llegar tarde pero hay mucho tráfico. Llegas demasiado tarde. Discusión.

Lección 6

19

Estudiante A te describirá lo que recuerda de su calle.
Tú lo recuerdas así, como en el dibujo.
Corrige a Estudiante A.

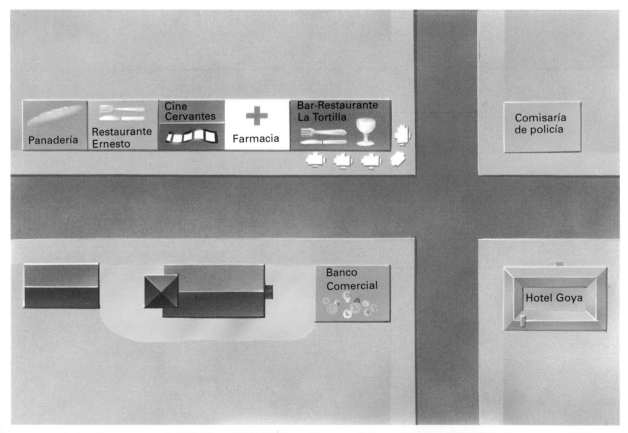

Lección 7

1 Tienes información sobre Francine Gálvez, una persona famosa de la televisión.
Estudiante A te pregunta sobre ella.
Da la información si la tienes.

FRANCINE **Gálvez,** camerunesa, de 23 años de edad, es el nuevo fichaje que se ha hecho para el programa televisivo que lleva por nombre *Buenos días, magazine.* **Francine Gálvez** es periodista de profesión, lleva viviendo en España 21 años y su última aparición en la pequeña pantalla fue en el programa de información *Noticias 2.* **Francine Gálvez** será la encargada de coordinar las secciones de moda y espectáculos en el nuevo *magazine.*

2 Esta foto es de una persona famosa.
 ¿Qué quieres saber de él?
 Pregunta a Estudiante A. Apunta los detalles.

ROD WESTWOOD

Mira los dibujos sin adjetivos.
Estudiante A te pregunta: ¿Cuál es 'relajado'? etc.
Indica el dibujo apropiado.

Cambia.
Mira los dibujos con los adjetivos.
Pregunta a Estudiante A:
¿Cuál es 'curioso'? etc.
Estudiante A indica uno de los dibujos. ¿Es correcto?

Curioso   Indiferente   Observador   Afable   Perplejo   Satisfecho de sí mismo

Lección 8

Estudiante A describe unos objetos.
Adivina qué objetos son.
¿Cómo se llaman?

Ahora cambia.
Estudia los objetos.
Descríbelos a Estudiante A. (Los dos primeros están descritos.)

a una prenda de vestir que se lleva en la mano en el tiempo frío

b un instrumento de hierro que sirve para comer yogur o cereales

c

d

e

1 Estudiante A quiere comprar algunas cosas. En tus tiendas tienes estos objetos:
a un jarrón de cerámica mediano, azul: 6.500 pts
b un bolso de piel gris, grande: 3.500 pts
c un jersey rojo de lana gruesa, grande: 5.000 pts

2 Ahora tú quieres comprar algunas cosas de las tiendas de Estudiante A.
¿Tiene lo que quieres?
Si no lo tiene, ¿tiene algo parecido?
a zapatos en marrón, número 42, con lazos, precio aproximado: 7.000 pts
b una pluma fina, de plástico azul marino, precio aproximado: 4.500 pts
c una agenda de piel roja de tamaño grande, precio aproximado: 6.000 pts

1 Tú eres el/la dependiente/a de una tienda.
Estudiante A es el/la cliente.
Quiere devolver algo.
Lee la información y habla con el/la cliente.

Información: enviar a la fábrica
arreglar
cambiar por otro
no devolución de dinero
eres el/la dueño/a

Actitud: no puedes hacer nada
enfadado/a
agresivo/a

2 Ahora tú eres el/la cliente.
Estudia los detalles de algo que quieres devolver.

Información: radio no funciona
no se puede oír bien ninguna emisora
hace muchos ruidos
no funciona ni con pilas ni con enchufe

1 Estudiante A tiene problemas en tu hotel.
Lee la información y responde a las preguntas de
Estudiante A.
   La mujer que limpia las habitaciones no ha venido.
   No sabes qué le pasa.
   Están arreglando la calefacción. Falta una pieza
   importante. Vendrán esta tarde.
   Arreglaron la cama la semana pasada.
   El hotel está completo. No se puede cambiar.

2 Tienes algunos problemas en el restaurante de
Estudiante A.
¿De qué puedes quejarte?
   la vajilla
   el vino
   el agua (no está fría)
   la sopa (no está caliente)
   la carne (está poco hecha)
   el servicio (muy lento, traen cosas que no has pedido)

Lección 9

Estudiante A te dará los principios de unas frases.
Termínalas.

Ahora lee los principios de estas frases a Estudiante A:
1 Estaba comprando un periódico cuando . . .
2 Escribía una carta a mi novio/a cuando . . .
3 Estaba corriendo en el parque cuando . . .
4 Estaba preparando la comida cuando . . .
5 Conducía por el centro cuando . . .

21

Mira el dibujo del accidente.
Vas a explicar lo que pasó y describir la escena a Estudiante C.
Estudiante A tiene otra versión.
¿Cuál de los dos tiene la versión correcta?
Estudiante C os preguntará y os dirá quién tiene razón.

Lección 10

6

Estudiante A te dará los principios de unas frases.
Termínalas con imaginación.
Usa "ya" o "aún" si quieres.

Ahora empieza tú las frases.
Estudiante A las terminará.
1 Cuando llamó la policía . . .
2 Cuando llegué al aeropuerto . . .
3 Cuando llegaron al teatro . . .
4 Cuando empezó a cantar . . .
5 Cuando terminaron la cena . . .

Estudiante A te invita a ver una película.
No quieres ir a ver esta película.
Te han dicho:
  aburrida
  pesada
  demasiado larga
  incomprensible
  actores malísimos
  no pasa nada.

"JOVENES OCULTOS"

VAMPIROS CON VAQUEROS

L UCY (Dianne Wiest) llega con sus hijos a una nueva comunidad, dominada por un inmenso parque de atracciones y
descrita generalmente como "la capital mundial de la delincuencia". Lucy y sus hijos se instalan en una casa bastante tenebrosa
que pertenece al abuelo y los chicos pronto empezarán a
mezclarse con quienes no deben, una pandilla de "jóvenes
ocultos" capitaneados por el siniestro David (Kiefer Sutherland).
Estos "jóvenes ocultos" duermen durante el día y se divierten de
noche. Son vampiros que han llegado hasta allí, contaminando
poco a poco al mayor de los hermanos, Michael (Jason Patric),
que se desvela durante la noche de forma imprevista, lleva gafas
oscuras durante el día, ve como su propio perro le ataca y como
su imagen poco a poco se desvanece ante el espejo: Sam (Corey
Ham), el hermano pequeño advierte lo que está sucediendo y se
dispone a combatir a estos seres inmortales y liberar a su
hermano. Ambos pueden escapar al influjo vampírico, pero para
ello tendrán que resistirse ante la tentación de una adolescencia
sin límites en el tiempo, una eternidad de placer, diversión y
libertad.

   "Jóvenes ocultos" desarrolla la idea de que un simple mordis-
co no basta para producir una total vampirización. Hace falta
también el acuerdo de la víctima. Quizá por ello Michael per-
manece durante el film en un estado de semivampirización pero
no irremediablemente perdido para el mundo de los vivos. ∎

Título original: "The Lost Boys". **Director:** Joel Schumacher.
Productor: Harvey Bernhard. **Productores ejecutivos:** Richard
Donner, Mark Damon y John Hyde. **Guión:** Janice Fischer,
James Jeremias y Jeffrey Boam, según una historia de Janice
Fischer y James Jeremias. **Director de fotografía:** Michael
Chapman. **Montaje:** Robert Brown. **Música:** Thomas Newman.
Intérpretes: Jason Patric, Corey Ham, Dianne Wiest, Barnard
Hughes, Ed Herrmann, Kiefer Sutherland, Jami Gertz, Corey
Feldman.

1 Tienes el argumento de una película. Léelo.
Estudiante A tiene imágenes de la misma película y con
éstas ha inventado una historia.
Escucha el argumento inventado por Estudiante A.
Después cuenta lo que pasa en la película realmente.
¿Coincidís en algo?

2 Ahora estudia las imágenes de otra película.
Inventa el argumento de la película y cuéntalo a
Estudiante A.
Trabaja con otro/a Estudiante B si quieres.
Estudiante A te cuenta el argumento verdadero.
¿Coincidís?

Lección 11

1 Vas a salir a comprar.
   Estudiante A te pide varias cosas.

2 Ahora Estudiante A va a salir.
   Pídele varias cosas:

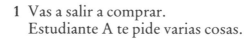

Empieza:
¿Vas a la librería? Por favor . . . . una revista.
Continúa.

Los derechos de los niños

Igualdad.
Ya sabéis. Somos de distinta raza, nacionalidad, clase social... ¡Pero todos somos niños y niñas!

Identidad.
Necesito un nombre y una nacionalidad, desde mi nacimiento. ¡Para empezar a ser yo mismo!

Calidad de Vida.
Un hogar, una escuela, buenos alimentos, amigos, jardines y parques, un médico que se preocupe por mí... ¡Y creceré mucho mejor!

Amor.
Necesito que me quieran y me cuiden mis padres. Si les resulta difícil, ayudadles. Y si ellos no pueden ocuparse de mí, o no tengo familia, la sociedad me buscará un hogar donde crecer feliz.

Lección 12

Lee la información de la Guía Viajera para Santo Domingo. Pregunta a Estudiante A sobre la situación, el clima, la población, la economía. Toma notas de todo lo que te diga.

GUIA VIAJERA

■ **SITUACION:**

■ **CLIMA:**

■ **POBLACION:**

■ **ECONOMIA:**

■ **REGIMEN POLITICO:** Es independiente desde 1844. Desde 1961 vive bajo un régimen republicano y democrático. Su presidente es Joaquín Balaguer.
■ **MONEDA:** Peso dominicano, equivalente a unas 20 pesetas.
■ **FORMA DE LLEGAR:** Iberia tiene seis vuelos semanales al aeropuerto de Las Américas. Hay distintas modalidades de viajes organizados desde 132.000 pesetas por persona (10 días).
■ **COMPRAS:** Café, ron y artesanía: carey, ámbar y pintura naif.
■ **HOTELES:** El *Santo Domingo* e *Hispaniola* en la capital; *Casa de Campo* en La Romana; *Bávaro Beach* en Playa Bávaro; *El Portillo* en Samaná.

Ahora Estudiante A te pregunta sobre otros temas de los que tú tienes información.

1 Estudiante A cuenta sus problemas.
Escucha y aconseja.

2 Ahora tú necesitas consejos sobre lo siguiente:
No te gusta tu trabajo.
Quieres cambiar. Quieres estudiar.
No puedes dejar tu trabajo porque tienes que mantener tu familia y pagar los gastos.
Pregunta a Estudiante B.

Normalmente no tienes fiestas en tu casa. Pero hoy es un día muy especial. Acabas de aprobar unos exámenes muy importantes para tu trabajo. Además, un(a) amigo/a que no has visto durante cinco años ha venido a visitarte. Has invitado a unos amigos para celebrarlo.

ACTIVIDAD 22

1 Responde a las frases de Estudiante A.
Usa **Dudo** y **Quizás**.

2 Ahora lee estas frases a Estudiante A.
a Mañana voy a pintar toda la casa.
b En el verano voy a conducir de Londres a Madrid en un día.
c Dentro de cinco años todas las casas tendrán ordenadores personales.
d Dentro de dos años podremos hacer las compras desde casa, utilizando un ordenador.
e Voy a aprender a tocar la guitarra en un mes.

Estudiante C

Lección 9

ACTIVIDAD 21

Estudiante C:
Mira el dibujo del accidente.
Estudiante A y Estudiante B van a explicar lo que pasó.
Tú tienes la versión correcta.
¿Cuál de los dos tiene razón?

G r a m á t i c a

The grammar dealt with in this section refers directly to that covered in the main body of the book. On occasions this means that grammar already introduced in Book 1 is dealt with again and in some cases extended in Book 2. Please refer to Book 1 for grammar not covered here.

Headings for the grammar section are given in Spanish with the approximate equivalent in English, for example:
Pretérito imperfecto   *Imperfect*
This is followed by the numbers of the Lecciones in which examples of the grammar point appear. A short explanation of the grammar point is then given, followed by a number of examples. Where these examples are taken from the book, relevant reference numbers of the lesson from which they are taken are given in brackets.

Nombres sustantivos   *Nouns* (Lección 2)

Género   *Gender*

There are a number of nouns for occupations which have traditionally existed in the masculine form only. Recently, as a result of socio-economic developments, feminine forms are coming more into everyday use.

médico   médica
mecánico   mecánica
fontanero   fontanera
abogado   abogada

Note: Sometimes, in these cases, the masculine form is retained while referring to the feminine.

el médico   la médico

Some nouns exist in both the masculine and feminine form:

el mar   la mar
el calor la calor

Plural   *Plural*

Nouns which end in -s have the same form in singular as in plural:

el lunes   los lunes
la tesis   las tesis

Exceptions to this rule are monosyllabic nouns and those which have the stress on the final syllable:

la tos   las toses
el autobús   los autobuses

A few nouns ending in -ma are masculine:

el clima, el idioma, el poema, el problema, el drama, el tema.

A number of nombres colectivos (collective nouns) are always used with accompanying verbs in the singular form:

la gente   the people
el público   the public/the audience
la familia   the family

En este pueblo la gente **es** muy simpática
In this town the people are very friendly

El artículo determinado/definido *The definite article*

Conversion of adjectives to nouns

Frequently, adjectives can become nouns by the addition of the definite article:

el café está **frío** — *the coffee is cold*
el frío es terrible — *the cold (weather) is terrible*

Lo

*In addition to the definite articles **el**, **la**, **los**, **las**, there is also a neutral article **lo**. When this appears with an adjective it converts the adjective to a noun:*

Lo bueno de esta casa es el espacio
The good thing about this house is its space

Lo más interesante de la película es la música
The most interesting thing about the film is the music
La década de **lo hispano**   (7)
*The decade of **all things Hispanic***

Lo que

This is a commonly used expression signifying 'that which' or 'what':

Lo que pasa en el mundo . . .   (2)
What happens in the world . . .
Lo que más me molesta es el ruido   (14)
What annoys me most is the noise
Lo que hacía Jorge cada día . . .   (10)
What Jorge used to do every day . . .

Adjetivos calificativos *Qualifying adjectives* (Lección 1)

*See also under **ser/estar**.*

Used to describe character and personality:

Soy un escritor metódico (1)
I'm a methodical writer

Soy simpática, soy callada, soy alegre, soy triste . . . y mi genio es muy malo   (1)
I'm pleasant, quiet, happy, sad . . . and I have a very bad temper

Nacionalidades *Nationalities* (Lección 7)

Formación *Formation*

Argentina:	argentino/a
Bolivia:	boliviano/a
Chile:	chileno/a
Colombia:	colombiano/a
Cuba:	cubano/a
México:	mexicano/a
Paraguay:	paraguayo/a

Perú:	peruano/a
Venezuela:	venezolano/a

Note the following:

Brasil:	brasileño/a
Costa Rica:	costarriquenõ/a
Ecuador:	ecuatoriano/a

Estados Unidos: estadounidense
Guatemala: guatemalteco/a
Honduras: hondureño/a
Nicaragua: nicaragüense
Panamá: panameño/a
Puerto Rico: puertorriqueño/a
Salvador: salvadoreño/a
Santo Domingo: dominicano/a
Uruguay: uruguayo/a

Masculino/Femenino   *Masculine/Feminine*

Nationalities have the same rules as nouns (see Book 1, page 237).

The most common type is:

un chico colombian**o**
una chica colombian**a**

*Those ending in -**e** have the same form in masculine and feminine:*

un hombre nicaragüense
una mujer nicaragüense

*Those ending in a consonant in the masculine form add -**a** in the feminine form:*

un niño español
una niña español**a**

Pronombres personales   *Personal pronouns*

Objeto directo   *Direct object*
(Lecciones 2, 8, 11)

me	Juan me llamó por teléfono *Juan phoned me*
te	Te espero en el bar (2) *I'll wait for you in the bar*
lo	Lo invitó (a Luis) al cine* (2) *She invited him to the cinema* Lo compré ayer (el reloj) (8) *I bought it yesterday*
la	¿La tiene en verde? (la camisa) (8) *Do you have it in green?*
nos	Nos vio pero no nos saludó *He saw us but he didn't greet us*
os	Os encontraré en la puerta del cine *I'll meet you at the entrance of the cinema*
los	Los vi ayer (a mis amigos) *I saw them yesterday* ¿Los tiene del número 40? (los zapatos) (8) *Do you have them in size 40?*
las	Las vi ayer (a mis amigas) *I saw them yesterday* ¿Las tiene en otro color? (las sandalias) (8) *Do you have them in another colour?*

*When referring to people we can substitute **le(s)** for **lo(s)**:*

> Le invitó al cine
> *She invited him to the cinema*
> Le saluda atentamente (a Usted)
> *(ending a formal letter)*

Objeto indirecto   *Indirect object*
(Lecciones 1, 2, 11, 12, 13)

me	Me escribió la carta *He wrote the letter to me*
te	No creo que te pase nada (12) *I don't think anything will happen to you*
le	No le digas nada a mi madre (11) *Don't say anything to my mother*
nos	Nos dio la noticia *He gave us the news*
os	¿Os trajeron las flores? *Did they bring you the flowers?*
les	Les mandaré la carta certificada *I will send them the letter by recorded delivery*

Objeto indirecto y directo juntos
Indirect and direct object together

Note: The indirect object always appears first.

A: ¿Te compraste este collar?
B: No. Me lo regalaron mis padres. Si quieres te lo presto.
A: Did you buy this necklace?
B: No. My parents gave it to me. If you like I'll lend it to you.

Note: When **le** *or* **les** *(in the indirect form) appear with* **lo(s)** *or* **la(s)** *they become* **se**:

No dio el libro a Luis.
He didn't give the book to Luis.
No se lo dio.   (2)
He didn't give it to him.

Dio la carta a sus padres.
She gave the letter to her parents.
Se la dio.   (2)   *She gave it to them.*

Regalé unos pendientes a mi madre.
I gave some earrings to my mother.
Se los regalé.   *I gave them to her.*

Posición de los pronombres *Position of pronouns*
(Lecciones 2, 8, 11)

Pronouns usually occur immediately before the verb. However, when used with the infinitive, gerund and imperative they occur immediately after the verb and are not separated from the verb.

Imperativo:
A: ¿Has dado a tu madre el regalo?
B: No.
A: Pues, dáselo.   (11)
A: Have you given the present to your mother?
B: No.
A: Well, give it to her.

Infinitivo:
Se olvidó la cartera en un bar y volvió a recogerla.   (10)
He left his briefcase in a bar and returned to collect it.

Gerundio:
A: ¿Viste la película?
B: No. Estaba viéndola pero me dormí.
A: Did you see the film?
B: No. I was watching it but I fell asleep.

Note: Sometimes, in more colloquial Spanish, pronouns appear **before** *these constructions:*

La estaba viendo, pero me dormí
I was watching it but I fell asleep

Special constructions with pronouns
(Lecciones 1, 12, 13)

The verbs **agradar, apetecer, divertir, encantar, faltar, importar, interesar, molestar, parecer** *follow the same pattern as* **gustar**.

Me gusta el cine   (1)
I like the cinema (literally: The cinema pleases me)
Me apetece salir   *I feel like going out*
Te falta sentido de humor   (13)
You lack a sense of humour
Me molesta que haya mucha gente   (12)
It bothers me when there are lots of people
¿Le importaría abrir la ventana?   (13)
Would you mind opening the window?
Me parece que es un buen director de cine   (10)
It seems to me (I think) that he is a good film director

This is a very common pattern and occurs in many idiomatic expressions:

La mayoría de las películas no **me llaman** la atención
Most films don't appeal to me

Si **me toca** la lotería compraré una casa   (13)
If I win the lottery I'll buy a house
Me hace mucha ilusión ir a visitaros   (3)
I'm very much looking forward to visiting you

Enfasis   *Emphasis*

Expressions containing these structures are emphasised by a reinforcing pronoun accompanied by a preposition.

A mí me gusta el cine   (1)
I (myself) like the cinema
¿A ti qué te gusta?   (1)
And you, what do you like?
A ella/él le divierten las fiestas   (1)
She/He enjoys parties
A nosotros/as nos agrada la montaña   (1)
We like the mountains
A vosotros/as os encantan los caballos   (1)
You love horses
A ellos/ellas les agrada el coche
They like their car

These reinforcing pronouns are also used with normal pronominal expressions:

A mí me regaló un libro. ¿Y a ti?
He gave a book to me. And to you?

Note: The pronouns **mí, ti, sí** *in the following examples are known as* formas tónicas, *and can only exist in a sentence when accompanied by any preposition except* **con**.

Este regalo es para mí
This present is for me
No pienses que todo el mundo está contra ti
Don't think that the world is against you
Siempre habla de sí mismo
He's always talking about himself

Note: **sí** *is normally accompanied by* **mismo/a**

Con *is used in the following forms:*

conmigo   contigo   consigo
with me   with you   with himself/herself
(not commonly used)

Pronombres reflexivos   *Reflexive pronouns*

Reflexive pronouns refer to the subject of the sentence.

me, te, se, nos, os, se

Yo me lavo
I get washed (literally: I wash myself)
No te pongas este vestido   (11)
Don't put that dress on
Juan se ha levantado tarde   (4)
Juan got up late
Vamos a bañarnos
We're going for a swim/
We're going to have a bath
¿Os vestís para la fiesta?
Are you going to get dressed for the party?
Los niños se acostaron muy tarde
The children went to bed very late

Otros verbos con pronombres   *Other verbs with pronouns*

Many very common verbs add pronouns for reinforcement in imperative expressions.

¡**Vete**!   (11)   *Go away!*
¡**Cállate**!   *Shut up!*
Dile a tu hermano que traiga el estereo   (12)
Tell your brother to bring the stereo
Léete este libro   *Read this book*

Adjetivos y pronombres posesivos
Possessive adjectives and pronouns

One 'possessor' *One object 'possessed'*		*One 'possessor'* *Two or more objects 'possessed'*	
m	**f**	**m**	**f**
mi	mi	mis	mis
tu libro	tu maleta	tus libros	tus maletas
su	su	sus	sus

Two or more 'possessors' *One object 'possessed'*		*Two or more 'possessors'* *Two or more objects 'possessed'*	
m	**f**	**m**	**f**
nuestro	nuestra	nuestros	nuestras
vuestro libro	vuestra maleta	vuestros libros	vuestras maletas
su	su	sus	sus

Masculino		**Femenino**	
el libro es	mío	la maleta es	mía
	tuyo		tuya
	suyo		suya
	nuestro		nuestra
	vuestro		vuestra
	suyo		suya
los libros son	míos	las maletas son	mías
	tuyos		tuyas
	suyos		suyas
	nuestros		nuestras
	vuestros		vuestras
	suyos		suyas

¿De quién es este libro?   Es mío.
Whose is this book?   *It's mine.*

Note:
Este libro es **el mío.**
*This book is **mine**. (Not yours!)*
Esta maleta es la tuya. La nuestra es un poco más grande.
This case is yours. Ours is a little bigger.
Estas gafas no son las mías. Son **las de** Luis.
These glasses aren't mine. They are Luis's.

Pronombres demostrativos   *Demonstrative pronouns* (Lecciones 1, 8)

Masculino:	éste	ése	aquél
	éstos	ésos	aquéllos
Femenino:	ésta	ésa	aquélla
	éstas	ésas	aquéllas
Neutral:	esto	eso	aquello

Quiero este abrigo. Quiero éste.   (8)
I'd like this coat. I'd like this one.
Quiero aquella camisa. Quiero aquélla.
I'd like that shirt. I'd like that one.
Quiero eso.   *I'd like that. (neutral)*

Note: The accent is dropped when these are used as adjectives.

Pronombres relativos   *Relative pronouns* (Lecciones 8, 9, 14)

que, cual, quien, cuyo, cuanto, donde

que	Los días **que** hay mercado son jueves y domingos (14) *Market days are Thursdays and Sundays* Dos muchachos **que** vestían pantalón vaquero . . . (9) *Two youths dressed in jeans . . .*
cual	Derribaron la casa, en la **cual** vivió muchos años *They demolished the house in which he had lived for many years*
quien	La chica, de **quien** te hablé ayer, es su hija *The girl I spoke to you about yesterday is her daughter*
cuyo	Fueron de vacaciones a una ciudad de **cuyo** nombre no me acuerdo *They went on holiday to a town, the name of **which** I don't remember*

cuanto	Todo **cuanto** te he dicho es verdad *Everything I have told you is true*
donde	La ventana por **donde** entró el ladrón se abría fácilmente *The window through which the thief got in opened easily*

The most commonly used relative pronoun is **que**. *It is used for people and objects. It does not change form in the plural:*

El cuchillo es un instrumento **que** sirve para cortar
A knife is a tool for cutting
La mujer, **que** estaba aún en la puerta, la cerró
The woman, who was still at the door, closed it

Cual *is always used with an article and has a plural form:*

Organizó una fiesta, **la cual** fue un éxito
He organised a party, which was a success

Organizó las fiestas del pueblo, **las cuales** fueron un éxito
She organised the town festivals, which were a success

Note: **Cual** *is rarely used in everyday language, being replaced by* **que** *preceded by an article. (It is commonly used as an interrogative: see below.)*

Quien *also has a plural form,* **quienes**:

Los chicos de **quienes** te hablé estudian aquí
The boys I spoke to you about study here

Note: **Quien/quienes** *in the relative form can be replaced by* **que** *or by* **que** *preceded by an article.*

El/la/los/las que *is used to emphasise the subject of the sentence:*

Este jarrón es **el que** compré en Perú   (8)
This vase is the one I bought in Peru
Estas sandalias son **las que** compré en Alicante
These sandals are the ones I bought in Alicante

Note: **lo que**

Lo que más me molesta es . . .   (14)
What (That which) upsets me most is . . .
Lo que hacía Jorge cada día   (10)
What Jorge did every day
Pase lo que pase   (12)
Whatever happens

When accompanied by a preposition, **que** *is often preceded by an article:*

El tren **en el que** viajé era muy rápido
The train in which he travelled was very fast

A commonly made mistake is to assume that the translation of 'who' is always **quien***. Note the following examples with* **que**:

Ese es el hombre **que** cogió mi bolsa
Los chicos **de los que** te hablé estudian aquí

Interrogativos y exclamativos   *Interrogatives and exclamations*

The addition of an accent to the relative pronouns listed above (except **cuyo***) allows them to be used as interrogatives or exclamations.*

qué, cuál, quién, cuánto, dónde

To these can be added **cuándo** *and* **cómo**.

¿**Qué** haces en mi despacho? (11)
What are you doing in my office?
¡**Qué** bonito!   *How pretty!*
¿**Cuál** quieres?   *Which one do you want?*
¡**Cuánta** gente!   *What a lot of people!*

Note: In questions, **qué** *is the equivalent of 'what' or 'which';* **cuál** *is the equivalent of 'what' or 'which one'.* **Cuál** *is followed by a verb and cannot be followed by a noun, while* **qué** *is followed by a noun.*

¿**Qué** jersey prefieres, el rojo o el azul?
Which sweater do you prefer, the red one or the blue one?
Tengo dos jerseys. ¿**Cuál** prefieres, el rojo o el azul?
I have two sweaters. Which you prefer . . .?

Pronombres indefinidos y cuantitativos
Indefinite and quantitative pronouns

algo, nada, alguien, nadie, alguno, ninguno, otro
todo, bastante, mucho, poco, demasiado

Todo estaba tranquilo en la ciudad   (9)
All was quiet in the city
No se veía a **nadie** por las calles   (9)
Nobody was to be seen in the streets
Una camarera había visto salir a
alguien   (10)
A waitress had seen somebody leave

Note: The pronouns **nadie**, **nada** *and*
ninguno *can be placed either before or after*
the verb. When the pronoun is placed after
the verb, **no** *must occur immediately before*
the verb. If the pronoun is placed before the

verb, negation is implicit without the addition
of **no**:

¿Has visto entrar a **alguien** en la casa?
No. **No** he visto a **nadie**.
No. **Nadie** ha entrado en la casa.
Have you seen anyone go into the house?
No. I haven't seen anyone.
No. Nobody has gone in.

¿Tienes **algún** disco de música española?
No. **No** tengo **ninguno**.
Si quieres puedo traer **alguno** para la fiesta.
Have you got any records of Spanish music?
No. I don't have any.
If you like I can bring some to the party.

Adverbios   *Adverbs*

Adverbios de tiempo   *Adverbs of time*
(Lecciones 4, 10)

ya, aún, todavía
ya no, aún no, todavía no

These can be positioned at the beginning or at
the end of the sentence:

¿Has hecho los deberes?   (4)
Have you done your homework?
Sí, **ya** los he hecho
Yes, I've already done it
Sí, los he hecho **ya**   (4)
Yes, I've done it already
No, **aún** no los he hecho
No, no los he hecho **aún**
No, I haven't done it yet
Todavía no los he hecho
No los he hecho **todavía**
I haven't done it yet/I still haven't done it

¿Tienes **aún** mucho trabajo que hacer?
Sí, **todavía** tengo otra redacción
Do you still have much work to do?
Yes, I still have another essay

Note: In some cases **ya** *can mean 'now':*

Ya no me queda dinero y aún tengo que
comprar varias cosas más, ¿me prestas cinco
mil pesetas?
Now I haven't got any money left and I still
have to buy a few more things. Can you lend
me five thousand pesetas?
He suspendido los exámenes así que **ya** no
me voy de vacaciones.
I've failed my examinations so now I'm not
going on holiday.
Aún estás aquí? Sí, pero **ya** me voy.
Are you still here? Yes, but I'm going now.

Preposiciones y frases adverbiales
Prepositions and adverbial phrases
(Lección 9)

a, ante/delante, bajo/debajo/abajo, con, contra, de/desde, en, entre, hacia, hasta, para, por, según, sin, sobre, tras/detrás

Quiero **a** Juan *I love Juan*

A *is used in this way with a person, but not with a thing. Contrast:*

Quiero un bocadillo *I want a sandwich*

Carmen no tiene miedo **ante** un problema
Carmen is not afraid when faced with a problem

Mi casa tiene dos jardines, uno **delante** y uno **detrás**
My house has two gardens, one in front and one behind

Carmen tiene mucho trabajo; está **bajo** mucha tensión
Carmen has a lot of work; she is under a lot of pressure

El libro está **debajo de** la mesa
The book is under the table

¿Dónde está Eva?
Está **abajo** *She is downstairs*
Está **arriba** *She is upstairs*

Estoy **contra** las armas nucleares
Estoy **en contra de** las armas nucleares
I'm against nuclear arms

El hombre puso la escalera **contra** la pared
The man put the ladder against the wall

Voy **de** Madrid **a** Barcelona en tren
Voy **desde** Madrid **hasta** Barcelona en tren
I'm going from Madrid to Barcelona by train

Estaremos de vacaciones **desde** el lunes **hasta** el viernes
We'll be on holiday from Monday to Friday

La tienda está abierta **desde** las nueve **hasta** la una y **de** las cuatro **a** las ocho
The shop is open from nine till one and from four to eight

Vivo aquí **desde** 1985
I've lived here since 1985

Había **entre** doscientas y trescientas personas
There were between two and three hundred people

Entre los invitados había un asesino
Amongst the guests there was a murderer

Vendré **entre** semana
I'll come during the week

Cuando le vi, Juan estaba andando **hacia** su casa
When I saw him, Juan was walking towards his house

Llegaré **hacia** las ocho de la tarde
I'll arrive towards eight in the evening

Según me han dicho este restaurante es muy bueno
Apparently (According to what I've been told) this restaurant is very good

Según un informe de la policía los robos de coches están aumentando
According to a police report the incidence of car theft is rising

Tomo el café **sin** azúcar
I take coffee without sugar

Mi padre salió **sin** decir nada
My father left without saying anything

Podemos decidir **sin** ir más lejos
We can decide without going any further

El dinero está **sobre** la mesa
The money is on the table

No tengo más que decir **sobre** este asunto
I have no more to say about/on this matter

No tengo noticias **sobre** la salud de mis padres
I don't have any news about my parents' health

Iré a tu casa **sobre** las diez
I'll come to your house about ten o'clock

Tras la película tuvimos una discusión
After the film we had an argument

por/para
Generally, **por** *expresses the cause of or reason for an action and can be loosely translated 'because of':*

Está triste **por** la muerte de su padre
She is sad because of the death of her father

Generally, **para** *expresses intention or destiny and can be loosely translated 'in order to':*

Tengo poco dinero **para** divertirme
I've only got a little money (in order) to enjoy myself
Tengo poco dinero **para** ir al cine
I have only a little money to go to the cinema

Other uses of **por**:

Tengo mucha afición **por** el fútbol
I am very keen on football

Vengo a este club **por** primera vez
I've come to this club for the first time
Fui a tu casa **por** el libro
I went to your house for the book
(But note with a verb:
Fui a tu casa **para** recoger el libro
I went to your house to collect the book)
Fuimos **por** autopista/avión/barco
We went by motorway/plane/boat
Te llamaré **por** teléfono
I'll call you (by phone)
Me gusta pasear **por** el parque
I like walking through the park
Si viajas de Barcelona a Madrid vas **por** Zaragoza
If you travel from Barcelona to Madrid you go via Zaragoza
Juan vive **por** esta zona
Juan lives around this area
Visito a mis abuelos dos días **por** semana
I visit my grandparents two days a/per week
Vendió mi coche **por** 60.000 pesetas
I sold my car for 60,000 pesetas
Te veré mañana **por** la mañana
I'll see you tomorrow morning

Other uses of **para**:

He comprado estas flores **para** mi novia
I've bought these flowers for my fiancee
Faltan dos meses **para** Navidad
There are two months to Christmas
Tenemos media hora **para** salir
We have half an hour before we leave
Saldremos **para** Madrid dentro de media hora
We'll leave for Madrid within half an hour
Necesito un armario **para** mi ropa
I need a wardrobe for my clothes

Conjunciones *Conjunctions*

These occur throughout the book, but those used for narrative are highlighted in lessons 9 and 10.

y (e)	*and*
ni	*neither . . . nor*
(ni hace calor ni frío)	

o (u)	*or*
pero	*but*
sin embargo	*however*
no obstante	*nevertheless*
sino	*but*
(no ocho sino nueve)	
pues	*well (often used with* **bueno** *in colloquial conversation)*

. . . y bueno, pues estuvimos a punto de chocar con un coche
. . . and well, anyway, we were on the point of colliding with a car

por lo tanto	*therefore, so*
así (que)	*so*
aunque	*although*
como	*as*

Llamó, y como no contestó nadie, se fue
He called, and as there was no answer, he went

a pesar de que	*in spite of*
ya que	*as*

ya que no vienes, por lo menos llámame
as you're not coming, at least ring me

de manera que	*so that*
de modo que	*so that*

Verbos   *Verbs*

Futuro   *Future*
(Lecciones 3, 7)

*Endings for the future tense are the same for all three verb types (-**ar**, -**er**, -**ir**). In the regular form, these endings are added to the infinitive:*

trabaj**ar**
com**er**
viv**ir**
{ é / ás / á / emos / éis / án }

The simple form of the future can be used as the equivalent of the English 'will' or 'going to':

Visitará a sus tíos   (3)
He will visit his aunt and uncle
He's going to visit his aunt and uncle
Volverá a España desde Guatemala   (3)
He will return to Spain from Guatemala
Sólo sobrevivirán las empresas que exporten   (7)
Companies which export will be the only ones to survive

Verbos irregulares   *Irregular verbs*

poner	pondré
salir	saldré
tener	tendré
valer	*mainly used in the third person:* valdrá
venir	vendré
caber	cabré
haber	*mainly used in the third person or as an auxiliary verb:* habrá
poder	podré
querer	querré
saber	sabré
decir	diré
hacer	haré

¿Vendréis al aeropuerto?   (3)
Will you come to the airport?
Querréis venir conmigo?   (3)
Will you want to come with me?
¿Me darán el trabajo?   (3)
Will they give me the job?
¿Que harás?   (3)
What are you going to do?

Sus primos podrán enseñarle el campo   (3)
His cousins will be able to show him the countryside
El tren saldrá a las cinco   (3)
The train leaves at five o'clock
Tendré una vida cómoda   (7)
I'll have a comfortable life

Oraciones condicionales   *Conditionals* (Lección 3)

Equivalent to the First Conditional in English. Formed by
(**si** + presente de indicativo) + futuro

Si	tengo tiempo	iré a Guatemala (3)
If	*I have time*	*I'll go to Guatemala*
Si	no comes	tendrás hambre (3)
If	*you don't eat*	*you'll get hungry*
Si	bebes	no podrás conducir (3)
If	*you drink*	*you won't be able to drive*

Variaciones   *Variations*

(**si** + presente) + imperativo

Si	tienes sed,	bebe agua
If	*you are thirsty,*	*drink water*
Si	debes irte,	vete cuanto antes
If	*you must go,*	*go as soon as you can*

The order can be reversed:

No podrás conducir si bebes.
Bebe agua si tienes sed.

Pretérito perfecto   *Present perfect* (Lecciones 4, 7)

yo	he	trabajado
tú	has	comido
él		
ella	ha	salido
usted		
nosotros/as	hemos	cenado
vosotros/as	habéis	llegado
ellos		
ellas	han	dormido
ustedes		

Sólo he parado un momento   (4)
I only stopped for a moment
Las mujeres no han tenido la oportunidad de hacer los trabajos de los hombres   (7)
Women have not had the opportunity to do men's jobs
Juan ha perdido el autobús (esta mañana)   (4)
Juan missed the bus (this morning)

Participios irregulares   *Irregular participles*

abrir	abierto
cubrir	cubierto
decir	dicho
escribir	escrito
freír	frito
hacer	hecho
morir	muerto
poner	puesto
romper	roto
ver	visto
volver	vuelto

¿No ha visto la señal?   (4)
Didn't you see the sign?
Se ha roto   (8)
It has broken

Uso   *Use*

The use of the pretérito perfecto *corresponds approximately to the use of the Present Perfect in English, with the following exception:*

Esta mañana he salido a las nueve
This morning I left at nine o'clock

In this case the notion of 'today' as a unit that has not finished indicates the use of the pretérito perfecto, *even though a specific time is mentioned or implied, which in English indicates the use of the Simple Past.*

Other examples:

Guatemala ha sufrido terremotos   (14)
Guatemala has suffered earthquakes
Compré este reloj ayer y se ha roto   (8)
I bought this watch yesterday and it has broken
En los últimos años la vida ha mejorado en general   (7)
In the last few years life has improved in general

Note: In some Latin American countries the pretérito perfecto *is replaced by the* pretérito indefinido *(Simple Past).*

Pretérito indefinido   *Simple past*

For detailed study of this tense, refer to Lección 1.

Pretérito imperfecto   *Imperfect* (Lecciones 5, 6, 9)

-ar (cenar)	**-er** (beber)	**-ir** (salir)
cen-aba	beb-ía	sal-ía
-abas	-ías	
-aba	-ía	
-ábamos	-íamos	
-abais	-íais	
-aban	-ían	

There are only two verbs which have an irregular form in the imperfect:

ser	**ir**
era	iba
eras	ibas
era	iba
éramos	íbamos
erais	ibais
eran	iban

Uso   *Use*

For details of the use of the Imperfect, see Lecciones 5, 6, 9.

1 *Narration of routine or habitual events, customary actions or activities, and repetition without specifying the number of times*

Todos los días comía en restaurantes   (5)
Every day he ate in restaurants

2 *Action in the past when we do not know or are not interested in the duration of the event, nor exactly when it occurred*

Antes vivía en el campo   (5)
Before, I used to live in the country

3 *Description in the past (of people, objects, places, etc.)*

Era un hotel muy bonito, de montaña   (6)
It was a very nice mountain hotel

4 *Description of the scene in which an action develops; presentation of secondary actions which develop within the main action*

Paseaba por las Ramblas, hacía un día espléndido, había muchísima gente cuando, de repente, se acercaron dos chicos y robaron mi bolso   (9)
I was walking along the Ramblas, it was a beautiful day, there were lots of people, when suddenly two youths approached and stole my bag

Note: The contrast with pretérito indefinido *is dealt with in detail in lessons 5, 6 and 9.*

Often, the verb **estar** *is used in the Imperfect tense followed by the main verb in the gerund form. This reinforces duration.*

Estaba lavando el coche cuando empezó a llover
I was washing the car when it began to rain

Gerundio   *Gerund*

The gerund is formed as follows:

-ar	-er	-ir
cen-ando	com	sal
	-iendo	

Verbos irregulares   *Irregular verbs*

The gerund form of the following irregular verbs with **e/i** *and* **o/u** *variations follows the same irregular pattern as the Present Simple* (presente):

dormir   durmiendo
pedir   pidiendo

The gerund form of the following two verbs is based on the Simple Past (pretérito indefinido):

poder pudiendo
venir viniendo

Pretérito pluscuamperfecto *Past perfect* (Lección 10)

This is formed with the imperfect of **haber** *and the past participle of the main verb.*

había	
habías	cenado
había	comido
habíamos	salido
habíais	
habían	

For irregular participles, see the pretérito perfecto *section above.*

Uso   *Use*

Generally similar to the use of the Past Perfect in English.

Fui al restaurante, pero había cerrado   (10)
I went to the restaurant, but it had closed
Llegué a la estación, pero el tren ya había salido   (10)
I got to the station, but the train had already left

Imperativos   *Imperatives*

For formation, see Lección 11 and its grammar section. The only 'pure' forms of the imperative occur in the second person singular and plural.

Compra un pastel (tú)   (11)   *Buy a cake*
Llamad por teléfono (vosotros)
   (11)   *Telephone*

The other forms are taken from the subjunctive (see section below).

Verbos irregulares   *Irregular verbs*

The following are irregular in the singular form only:

decir   di
hacer   haz
poner   pon
salir   sal
tener   ten
venir   ven

Irregular in both singular and plural forms:

ir	ve	id
ser	sé	sed

The formal affirmative *(see subjunctive forms)*

Pase usted al despacho   (11)
Pasen ustedes al despacho
Would you like to pass through to the office?

The negative, formal and informal *(see subjunctive forms)*

No entres (tú)   No entréis (vosotros)
No entre (usted)   No entren (ustedes)
Don't go in

Subjuntivo presente   *Present subjunctive* (Lecciones 11, 12)

*The Present Subjunctive is formed from the root of the first person singular of the Present Indicative. The **o** is dropped and the normal subjunctive endings are added.*

-ar (esperar)	**-er** (comer)	**-ir** (vivir)
espere	coma	viva
esperes	comas	vivas
espere	coma	viva
esperemos	comamos	vivamos
esperéis	comáis	viváis
esperen	coman	vivan

Verbos irregulares   *Irregular verbs*

These also form the subjunctive from the first person singular of the Present Indicative.

vengo:	venga	vengamos
	vengas	vengáis
	venga	vengan

salir	salga
hacer	haga
poner	ponga
volver	vuelva

*Note: Verbs which end in **-oy** in the first person of the Present Indicative take the following forms in the subjunctive:*

dar	dé
estar	esté
ir	vaya
ser	sea

Other irregular verbs:

hay (haber)	haya
saber	sepa

Uso   *Use*

The subjunctive form is widely used in Spanish, most commonly for the following:

1 *Verbs and expressions of advice*

Te aconsejo que te hagas un seguro   (12)
I advise you to take out insurance
Es mejor que viajes de día
It's better to travel by day (lit: that you travel by day)

2 *Orders*

Te ordeno que limpies este cuarto
I order you to clean this room

3 *Verbs of wishes, likes and dislikes*

Quiero que me escuches
I'd like you to listen to me
Espero que vengas a visitarme   (12)
I hope you come to visit me
Me molesta que haya mucha gente   (12)
It annoys me when there are a lot of people

4 *Verbs and expressions of necessity*

Es necesario que lleves botas para la excursión   (12)
It's necessary to wear boots for the trip (lit: that you wear boots)
Es importante que aprendas un idioma
It's important to learn a language (lit: that you learn a language)

5 *Verbs of doubt*

Dudo que prohíban la circulación en el centro de la ciudad   (12)
I doubt if they will prohibit the traffic in the city centre .
No creo que te pase nada   (12)
I don't think anything will happen to you

6 *Verbs of emotion and fear*

Tengo miedo de que tengan un accidente
I'm afraid they'll have an accident
Me alegra que estén aquí
I'm very pleased they are here

7 *Verbs and expressions of possibility*

Puede ser que lo haga bien, pero lo dudo
It could be that he does it well, but I doubt it
Es posible que pierdas el monedero si lo llevas así
You might lose your purse if you carry it like that

8 *Expressions of intention and purpose*

Para que veas todo y **viajes** comodamente   (12)
So you can see everything and travel comfortably

9 *Expressions regarding the future*

Cuando tenga más dinero iré a México   (12)
When I have more money I'll go to Mexico
Esperaré **hasta que venga**
I'll wait till he comes

10 *Other expressions with the subjunctive*

Quizás deje mi trabajo   (12)
Perhaps I'll leave my job
Tal vez lleguemos a tiempo
Maybe we'll arrive on time
¡Ojalá pueda ir pronto!   (12)   *I hope I can go soon!*
¡Que espere!   *Well, he can wait!*
¡Que pase!   *Well, let her in!*

11 *Set expressions*

sea como **sea**   *be that as it may*
pase lo que **pase**   *no matter what happens*
diga lo que **diga**   *no matter what he says*

Note: After verbs expressing opinion or belief, the indicative is used (see Lección 10).

Creo que es un buen director de cine
I think he is a good film director

Condicional: Formas en -ría
Conditional -ría forms   (Lección 13)

For form see Lección 13. Use is the equivalent of the English 'should', 'could' and 'would'.

¿Le importaría abrir la ventana?
Could you open the window?
¿Dónde te gustaría ir de vacaciones?
Where would you like to go on holiday?

Subjuntivo imperfecto   *Imperfect subjunctive*

This is formed from the root of the pretérito indefinido *(Simple Past), third person plural.*

cenar	cenaron (they had dinner)	cen-ara -aras -ara -áramos -arais -aran
comer	comieron (they ate)	com-iera -ieras -iera -iéramos -ierais -ieran
vivir	vivieron (they lived)	viv-iera (conjugated as -er verbs)

*This form of the subjunctive is used in the same way as the present subjunctive, except that it is governed by a main verb in either the past or the conditional -**ría** form.*

Espero que vengas a visitarme
I hope you'll come to visit me
Esperaba que vinieras a visitarme
I was hoping you would visit me

Me molesta que haya tanta gente
It annoys me that there are so many people
Me molestó que hubiera tanta gente
It annoyed me that there were so many people
Me molestaría que hubiera tanta gente
It would annoy me if there were so many people

Condicional (imperfecto) *Second conditional*

This construction deals with hypothetical situations.

Forma *Form*

(**si** + imperfecto de subjuntivo) + (forma en **-ría**)
or the other way round:
(forma en **-ría**) + (**si** + imperfecto de subjuntivo)

Si me tocara la lotería compraría una casa (13)
If I won the lottery I would buy a house
Compraría una casa si me tocara la lotería
I would buy a house if I won the lottery

ser/estar
(Lecciones 1, 6)

*See Book 1 (page 254) for general uses of **ser** and **estar**.*

*The use of **ser** or **estar** can alter the meaning of an adjective:*
Juan es muy tranquilo (Juan es una persona muy tranquila de carácter)
Juan is a very calm person
Pedro estaba muy nervioso porque tenía exámenes, pero ahora está tranquilo
Pedro was very nervous because he had exams, but now he is relaxed

Note: **Ser** *could be translated as 'to be' in this example;* **estar** *could be translated as 'to feel'.*

La actriz es elegante   *The actress is elegant*
María va a una fiesta. Está muy elegante hoy.
María is going to a party. She looks very smart today.

Note: **Estar** *could be translated as 'to look' in this example.*

Construcciones temporales: hace . . . (que), desde hace . . .
Time constructions
(Lección 2)

Hace diez años **que** vivo aquí/
Vivo aquí **desde hace** diez años
I've lived here for ten years

Note:
Llegué aquí **hace** diez años
I came here ten years ago

See lesson 2 for more details and examples.

Note: **llevar** + gerundio
Llevo diez años viviendo aquí
I've been living here for ten years

Perífrasis verbales   *Phrasal verbs*

Unlike English, Spanish has very few of these. Some of the more common ones are:

tener que (hacer algo)   (2)   *to have to (do something)*
acabar de (llegar)   (3)   *to have just (arrived)*
volver a (hacer)   *to (do) again*
dejar de (fumar)   *to stop (smoking)*

'Se' en oraciones pasivas e impersonales   Se *in passive and impersonal sentences* (Lecciones 4, 7, 9)

This construction almost always corresponds to the English passive form. The verb is in the active form and is singular or plural depending on the subject.

En Zaragoza se abrirán tres nuevos hipermercados   (7)
In Zaragoza three new hypermarkets will be opened
Se habla inglés
English spoken
Se vende
For sale (i.e. To be sold)

English–Spanish wordlist

A

accelerator (n) acelerador (m)
advantage (n) ventaja
  to take—of aprovechar
advertisement (n) anuncio
advice (n) consejos (m pl)
  a piece of— un consejo
advisable (adj) aconsejable
advise (vt) aconsejar
affection (n) cariño
affectionate (adj) cariñoso/a
AIDS (n) SIDA (m)
alarm clock (n) despertador (m)
altogether (adv) en conjunto
amuse (oneself) (vi/vt)
  entretener(se)
annoy (vt) molestar, fastidiar
apology (n) disculpa
apologise (vi) disculpar(se)
apparently (adv) según parece
appearance (n) (personal) aspecto
approach (vt) acercarse (a)
arrest (vt) detener, arrestar
as (adv) como
  he works—a hairdresser trabaja
  como peluquero
as soon as en cuanto, tan pronto
  como
ask for (vt) pedir, solicitar
assistant (n) ayudante,
  dependiente/a
assure (vt) asegurar
attend (vt) (to be present) asistir (a)
attract (vt) atraer
author (n) autor(a)
average (adj) medio/a

B

ball (n) pelota
bank (n) (of a river) orilla
barbecue (n) barbacoa
behave (vi) comportarse
belong to (vt) pertenecer a
bedside table (n) mesilla
best wishes, love (informal letter)
  un abrazo
blame (n) culpa
  (vt) culpar, echar la culpa

blanket (n) manta
blind (n) persiana
bonnet (n) (of a car) capó
boot (n) (of a car) maletero
bored (adj) aburrido/a
boredom (n) aburrimiento
boring (adj) aburrido/a
bracelet (n) pulsera
brake (n) freno
brake (vt/vi) frenar
brand (n) (make) marca
briefcase (n) cartera
bring (vt) traer
bumper (n) (of a car) parachoques
  (m sing)

C

cake (n) pastel (m)
camp (n) campamento
candle (n) vela
card (n) (index) ficha
  playing—s cartas (para jugar)
careful (adj) cuidadoso/a
  be— cuidar
career (n) carrera
carry out (vt) (a task) realizar
cashier (n) cajero/a
cave (n) cueva
cellar (n) sótano
  wine— bodega
certain (adv) (sure) cierto
character (n) (in a film or
  book) personaje (m/f)
chat (vi) charlar
cheap (adj) barato/a
channel (n) (television) canal (m)
chest (n) (person) pecho
choose (vt) elegir, escoger
chore (n) tarea
circulate (vi) (traffic) circular
claim, demand (vt) reclamar
cliff (n) acantilado
close (adv) cerca
  to get— acercarse
coincidence (n) casualidad (f)
collect (vt) (something/
  someone) recoger
comfortable (adj) cómodo/a
company (n) (firm) compañía,
  empresa
competition (n) concurso
complain (vi) quejarse
complaint (n) queja
computer (n) ordenador,
  computador (m), computadora
consist of (vt) consistir en
convince (vt) convencer
corner (n) (inside) rincón (m)
  (outside) esquina
couple (n) pareja

course (n) (of study) curso
  of— por supuesto
cover (vt) cubrir
covered (adj) cubierto/a
crime (n) (act) crimen (m)
  (in general) delincuencia
crossroads (n) cruce (m)
cure (vt) curar
curtain (n) cortina
cut (vt) cortar

D

daily (adj) diario/a
  (adv) diariamente
dark (adj) de noche, oscuro/a
  to get—(vi) anochecer
dawn (n) amanecer (m), alba
dawn (vi) amanecer
daybreak (n) madrugada
debt (n) deuda
demand (vt) exigir
department store (n) grandes
  almacenes (m pl)
design (n) diseño
design (vt) diseñar
desire (n) deseo
  (vt) desear
despite (prep) a pesar de, pese a
destroy (vt) destrozar
details (n) datos (m pl)
detain (vt) detener
develop (vt) desarrollar
disappear (vi) desaparecer,
  desvanecer
dismantle (vt) desmontar
display (vt) mostrar
disturbing (adj) inquietante
distribute (vt) repartir
dizziness (n) mareo
dizzy (adj) mareado/a
doll (n) muñeco/a
domestic electrical appliances
  (n) electrodomésticos (m pl)
dream (n) sueño
  (vi/vt) soñar
drink a toast (vt) brindar
drive (vt) conducir
  —around town, on the road
  (vi) circular
driving licence (n) carnet (m) de
  conducir
dub (vt) (a film) doblar
dubbed (adj) doblado/a
duty (n) deber (m)

E

earthquake (n) terremoto
effective (adj) eficaz
electrical appliances (n)
  electrodomésticos (m pl)

embrace (*n*) abrazo
(*vt*) abrazar
emphasis (*n*) énfasis (m)
empty (*vt*) vaciar
engine (*n*) (*of a car*) motor (m)
enjoy (*vt*) gozar, disfrutar (de)
enough (*adv*) bastante
enrol (*vt/vi*) matricular,
apuntar(se)
exhausted (*adj*) agotado/a
exhausting (*adj*) agotador(a)
excited (*adj*) emocionado/a,
ilusionado/a
exciting (*adj*) emocionante
event (*n*) acontecimiento
eventually (*adv*) al fin

F

fabric (*n*) tejido
facts (*n*) *and figures* (*n*) datos (m pl)
faint (*adj*) (*ill*) mareado/a
faintness (*n*) mareo
family (*n*) familia
(*adj*) familiar
—*life* la vida familiar
farm (*n*) granja
farmer (*n*) granjero/a
fashionable (*adj*) de moda,
moderno/a
fault (*n*) (*blame*) culpa
(*in a machine*) defecto
to be at— tener la culpa
it's your— tienes la culpa
feelings (*n*) sentimientos (m pl)
figure (*n*) (*number, quantity*) cifra
filling station (*n*) gasolinera
fine (*n*) multa
fire (*n*) fuego
house/forest— incendio
fireman (*n*) bombero
firm (*n*) (*company*) compañía,
empresa
finish (*vt*) acabar, terminar
floods (*n*) inundaciones (f pl)
food (*n*) (*in general*) alimento
freezing (*adj*) helado/a
fresh air (*n*) fresco
frozen (*adj*) congelado/a
friendship (*n*) amistad (f)
frightened (*adj*) asustado/a

G

get (*vt*) conseguir
get out of (*car*), *off* (*train*) bajar (de)
get used to (*vt*) acostumbrarse a
gift (*n*) regalo
glass (*n*) (*material*) cristal (m)
(*for drinking*) vaso
go (*vi*) *for a walk* dar un paseo
good time (*n*) juerga
have (*vt*) *a*— ir de juerga
grass (*n*) hierba
(*lawn*) césped (m)

H

hairdresser (*n*) peluquero/a
hairdressing salon (*n*) peluquería
handle (*n*) mango
hang up (*vt*) (*coat,
telephone*) colgar
hardly (*adv*) apenas
hate (*vt*) odiar
headquarters (*n*) sede (f)
heal (*vt*) curar
heart (*n*) corazón (m)
—*attack* (*n*) infarto
heat up (*vt*) calentar
help (*vt*) ayudar, apoyar
hobby (*n*) afición (f)
hole (*n*) agujero
home (*n*) hogar (m)
—*life* hogar (m)
homework (*n*) deberes (m pl)
hope (*vi*) esperar
(*n*) esperanza
hug (*n*) abrazo
(*vt*) abrazar

I

increase (*vt*) aumentar
indicator (*n*) (*car*) intermitente (m)
information technology
(*n*) informática
injure (*vt*) herir, lesionar
injury (*n*) herida, lesión (f)
instalment (*n*) (*of hire purchase,
etc.*) letra
interview (*n*) entrevista
(*vt*) entrevistar
introduce (*vt*) (*a person to
another*) presentar
iron (*n*) (*metal*) hierro
(*for clothes*) plancha
(*vt*) planchar

J

jacket (*n*) chaqueta
leather/hunting— cazadora
jealous (*adj*) celoso/a
jeans (*n*) tejanos (m pl), vaqueros
(m pl)
jewellery shop (*n*) joyería
jewels (*n*) joyas (f pl)
job (*n*) puesto, trabajo
joke (*n*) chiste (m)
jump (*vt*) saltar
just (*adv*)
to have—... acabar de ...
I've—*arrived* acabo de llegar

K

keep (*vt*) (*save*) guardar
key (*n*) (*to an exercise*) clave (f)
(*for a door*) llave (f)
keyring (*n*) llavero
knife (*n*) cuchillo

L

late (*adj*) tarde
to be— tardar
lawyer (*n*) abogado/a
lazy (*adj*) perezoso/a
leather (*n*) cuero
let (*vt*) (*a house/flat*) alquilar
—*go* (*vt*) soltar
letter box (*n*) buzón (m)
lie (*n*) mentira
tell (*vt*) *a*— mentir
light (*vt*) encender
light (*adj*)
to get— (*vi*) amanecer
little by little poco a poco
lively (*adj*) animado/a
look for (*vt*) buscar
look forward to (*vt*) ilusionarse
I'm looking forward to it me hace
ilusión
love (*n*) amor (m)
in— enamorado/a
luxurious (*adj*) lujoso/a
luxury (*n*) lujo

M

make (*n*) marca
make-up (*n*) maquillaje (n)
make up (*vi*)
(*cosmetics*) maquillarse
manage (*vt*) (*to do
something*) conseguir
maybe (*adv*) a lo mejor, quizás
meet (*vt*) (*for the first time*) conocer
to go and—*someone* buscar a
alguien
memory (*n*) recuerdo
minority (*n*) minoría
mirror (*n*) espejo
missing (*to be*) (*vi*) faltar
two books are— faltan dos libros
mistake (*n*) error (m)
to make a— equivocarse
mood (*n*) humor (m)
motorway (*n*) autopista

N

nail (*n*) (*finger/toe*) uña
narrow (*adj*) estrecho/a
nearby (*adj*) cercano/a
neat (*adj*) cuidado/a
neighbourhood (*n*) barrio,
vecindario
next (*adj*) (*day*) siguiente
notice (*n*) anuncio
(*vt*) (*something*) fijarse (en algo)
take— (*of someone*) hacer caso (a
alguien)
nuisance (*n*) molestia

O

obtain (*vt*) conseguir, obtener
office (*n*) despacho, oficina
open (*adj*) abierto/a
(*vt*) abrir

outskirts (n) (of a town)   afueras (f pl)
overtake (vt) (a vehicle)   adelantar
owe (vt)   deber
owing to . . .   debido a . . .

P

pastime (n)   diversión (f)
pavement (n)   acera
peaceful (adj)   tranquilo/a
pedestrian (n)   peatón (m)/peatona
pen (n) (fountain)   pluma
perform (vt) (a play)   representar
   (vi) (on stage)   actuar
performance (n)   representación (f)
petrol (n)   gasolina
petrol station (n)   gasolinera
pick (someone) up (vt)   buscar (a alguien), recoger (a alguien)
place (n)   lugar (m)
   (vt) (put)   colocar
plan (n)   plano
   (vt)   planear
play (n) (in a theatre)   obra
play (vt) (a musical instrument)   tocar
plug (n)   enchufe (m)
   (vt)   enchufar
plot (n) (story)   argumento
position (n) (job)   puesto, trabajo
postman/woman (n)   cartero/a
present (n)   regalo
prize (n)   premio
property (n)   propiedad (f)
protect (vt) oneself   protegerse
proud (adj)   orgulloso/a
puncture (n)   pinchazo
put on (vt) (a show)   montar, representar
put up (vt) (a tent)   montar

Q

quality (n)   calidad (f)
quiz (n)   concurso

R

railway (n)   ferrocarril (m)
raincoat (n)   impermeable (m)
reach (vt)   alcanzar
ready (adv)   listo/a, preparado/a
realise (vi)   darse cuenta
record (n) (gramophone)   disco
   world—   récord (m) del mundo
   to break a—   batir un récord
refund (vt) (money)   devolver
   (n)   devolución (f)
register (vt/vi)   matricular, apuntarse
registration number (n)
   (car)   matrícula
regret (vt)   arrepentirse de, lamentar
rehearse (vt)   ensayar
reject (vt)   rechazar
rent (vt)   alquilar

request (n)   petición (f)
requirements (n)   requisitos (m pl)
result (n)   resultado
   exam—s   notas (f pl)
   to get good—s   sacar buenas notas
return (vi)   volver, regresar
   (vt) (goods)   devolver
   (n) (ticket)   ida y vuelta
rice (n)   arroz (m)
rights (n)   derechos (m pl)
ring (vt/vi) (bell/alarm)   sonar
rise (n) (ascent)   subida
roadway (n)   calzada
robber (n)   atracador(a)
role (n) (in film/play)   papel (m)
round (adj)   redondo/a
ruin (vt)   destrozar
ruined (adj)   destrozado/a

S

salary (n)   sueldo
sale (n)   venta
   for—   en venta
salesperson (n)   vendedor(a)
save (vt) (money)   ahorrar
   (keep safely)   guardar
scarf (n)   bufanda
score, scoring (n)   puntuación (f)
scratched (adj)   rayado/a
screen (n)   pantalla
season (n)   temporada
send (vt)   enviar, mandar
sew (vt/vi)   coser
shadow (n)   sombra
shake (vt) hands   estrechar la mano
share (vt)   compartir
sheet (n) (bedding)   sábana
   —of paper   hoja, folio
shock (n)   susto
shock-proof (adj)   antichoque
shoot (vt) (gun)   disparar
shout (n)   grito
   (vt)   gritar
show (vt)   mostrar
sign (vt)   firmar
sign up (vi) (for something)   apuntarse
silent (adj)   silencioso/a
silver (n)   plata
   (adj)   de plata
size (n) (of clothes)   talla
smell (vi)   oler
smooth (adj)   suave
soap opera (n)   telenovela
soft (adj)   suave
soldier (n)   soldado
solve (vt)   solucionar
sorry (adj)   arrepentido/a
   I'm—   lo siento
sound (n)   sonido
stand (vi)   estar de pie, ponerse de pie
stand out (vi)   destacar

star (of a show)   estrella, protagonista (m/f)
start (vt) (a car)   arrancar, poner en marcha
starter (n) (car)   arranque (m)
stay (vi) (at home)   quedarse (en casa)
steep (adj) (hill)   empinado/a
steering wheel (n)   volante (m)
step on (vt)   pisar
stocking (n)   media
stone (n)   piedra
store (n)   almacén (m)
straight away (adv)   en seguida
strange (adj)   extraño/a
stubborn (adj)   tozudo/a
stubbornness (n)   tozudez (f)
subject (n) (theme)   tema (m)
   (school)   asignatura
success (n)   éxito
suddenly (adv)   de repente
suede (n)   ante (m)
suffer (vt/vi)   sufrir
   —an illness   padecer
support (vt)   apoyar
surroundings (n)   alrededores (m pl)
sweat (vi)   sudar
   (n)   sudor (m)
switch off (vt)   apagar
switch on (vt)   encender

T

take (vt) advantage of   aprovechar, aprovecharse de
take (vt) charge of   encargarse de
take down (vt) (tent etc.)   desmontar
tap (n)   grifo
task (n)   tarea
tasty (adj)   sabroso/a
temporary (adj)   temporal
test (n)   prueba
theme (n)   tema (m)
thief (n)   ladrón (m)/ladrona
threaten (vt)   amenazar
threatening (adj)   amenazante
throw away (vt)   tirar
tidy up (vt)   recoger
timetable (n)   horario
too many, too much (adv)   demasiado
topic (n)   tema (m)
tour (n)   recorrido
   (vt)   recorrer
track (n) (in the country)   camino
training (n) (vocational)   formación (f) profesional
translate (vt)   traducir
translation (n)   traducción (f)
translator (n)   traductor(a)
tread on (vt)   pisar
treatment (n)   trato
turn off (vt) (a light)   apagar
   (a tap)   cerrar

turn on (*vt*) (*a light*)   encender
  (*a tap*)   abrir
tyre (*n*)   neumático

U

unbearable (*adj*)   insoportable
university course (*n*)   carrera
university student (*n*)
  universitario/a
untidy (*adj*)   revuelto/a,
  descuidado/a
unusual (*adj*)   extraño/a
upset (*vt*) (*a cup of coffee*)   tirar (un
  café)

W

wake up (*vi*)   despertarse
  (*vt*)   despertar
walk (*n*)   paseo
walk (*vi*)   andar, pasear, caminar
wallet (*n*)   cartera
war (*n*)   guerra
way (*n*)   camino
welcome!   ¡bienvenido/a(s)!
wheel (*n*)   rueda
windscreen (*n*)   parabrisas (m sing)
windscreen wiper
  (*n*)   limpiaparabrisas (m sing)
wine cellar (*n*)   bodega
winter (*adj*) (*a winter day*)   invernal

wish (*n*)   deseo
  (*vi/vt*)   desear
witness (*n*)   testigo
wood (*n*)   madera
wool (*n*)   lana
workshop (*n*)   taller (m)
worktop (*n*) (*kitchen*)   encimera
worrying (*adj*)   inquietante
wound (*vt*)   herir
  (*n*)   herida

Y

younger (*adj*)   menor
youngest (*n*)   el/la menor